利用者　家族　スタッフ 別に
ポイント解説!

裁判例から学ぶ
介護事故対応

改訂版

介護・福祉系弁護士法人おかげさま

弁護士 **外岡 潤** ［著］

第一法規

改訂版発行にあたって

初版の発行から早6年が経ちました。その間、ICT技術や科学的介護情報システムの導入など介護現場も進化したように思えますが、一貫して現場が悩んでいる問題は人材不足です。来るべき2025年、2030年問題を目前にしながら、介護職の圧倒的不足は未だ解消の目途が立っていません。

その中で苦肉の策として、施設等における人員配置基準の緩和策が現実的な問題として、2024（令和6）年度の介護報酬改定に関する審議会等で議論され始めました。

ただし、この策は、対症療法的に人員不足を解消することはできたとしても、実際にご利用者を見守り、あるいは付き添う職員がそれだけ減少することを意味します。そうなると、本書で取り上げるようなご利用者の転倒等の事故は更に増加ペースを強めるでしょう。

介護現場では身体拘束が認められず、ご利用者に自由に生活して頂く以上、どうしても事故は起きてしまいます。そのとき、施設・事業所のトップから現場職員に至るまで全員が一丸となって「誠意」を尽くし、ご利用者やご家族の信頼を得ることができるかが、明暗の分かれ目となります。この点は昔から変わりませんが、正しい対応をすれば裁判沙汰に巻き込まれることもなく、安定した運営が可能となるのです。

人員不足がひっ迫し、更に現場の余裕が無くなることが予想される中で、基本的なリスクマネジメントの考え方や対応策を身に付けることは、これまで以上に必須であると言えます。

本書は、この6年間の変化に対応すべく記述をアップデートし、また、近時の裁判例を追加しました。

本書を通じて、現場の人間関係を平和に保つ方法を身に付けて頂ければ幸いです。

2024年2月　　　　　　　　　　　　　　　　　　　　外岡　潤

はじめに

　介護・福祉の現場では、いま訴訟や賠償請求まで至る事故・トラブルが増加しています。本書を手に取られた皆様も、よその施設が訴えられたという話を見聞きしたり、現実にご利用者・ご家族との間でトラブルを抱え困っている、という方が多いことと思います。

　通常、例えばご利用者が歩行中に転倒したという単純な事故であれば、まだ治療費・入院費等の賠償の問題に収まります。ところが、おむつ交換中に無理に足を開き大腿骨の根本を骨折させてしまった等ということがあれば、「身体的虐待」を疑われるというリスクが生じます。筆者の経験したケースでは、実際には介護ミスにも関わらず行政に虐待と認定され、マスコミに報道までされてしまったということがありました。このように、現場での事故というものは実は底知れないリスクをはらんでいるものなのです。油断は禁物です。

　ですが、かといって現場が事故を極度に恐れ、ご利用者を車椅子に乗せ、歩かせないということになっても本末転倒です。理想は、日常生活の中で安全を確保しつつ、できるだけ自立して頂き ADL・QOL を高めることなのですが、そのためには、いざというときの備えと知識が必要です。特に転倒という事故が物理的に防ぎきれない以上、事故が起きるということを想定した事前の準備は欠かせません。

　本書では、筆者が介護トラブル専門の弁護士として経験した事例や、ここ数年で出た重要と思われる裁判例をもとに、現場の事故への事前・事後の実践的な対処法をお伝えします。ご利用者やご家族との関係、現場職員との関係、そして行政との関係と、相手や場面ごとに対策を記した点が特徴です。

　導入にはマンガも織り込み、表現もできるだけ分かりやすいよう心掛けましたので、法律を知らない方やリスクマネジメントに詳しくない方でも学びやすい内容となっています。

　楽しく、効率的に必要な知識を身に付けて頂き、現場職員の皆様が安心してより良いケアをご提供できる一助となれれば幸いです。

2018年2月　　　　　　　　　　　　　　　　　　　　　外岡　潤

第3章 ● 実 践

第**4**章 ● **裁判例**

第 1 章

導 入

～事例から介護事故後の対応方法を考える～

プロローグ

外岡先生の
「介護事故トラブル対策セミナー」
に集まった3人

Aさん
訪問介護事業所の新米管理者。
事故対応は未経験

Bさん
通所介護事業所の管理者。
現在、事故対応中

Cさん
特別養護老人ホーム
の施設長。
介護事故対応経験者

はじめまして

こんにちは

1

介護事故って本当に
参っちゃいますよね。今、まさに
裁判になりそうなことがあって…

えっ?!
どうしたんですか?

2

デイサービスの昼食の準備を
していた時のことでした

認知症の利用者・花子さんが
突然車椅子から立ち上がろうとして、
バランスを崩して転倒されたんです…

3

ご家族に報告しようと電話をしたのですが、日中なので応答がなくて…。
留守電もなく、連絡が取れない状況でした。

夕方、帰宅時

花子さんが転倒されまして…一度、病院に連れていかれた方が良いと思います

なんですぐに病院に行かなかったの!?
真っ青じゃない!
すぐ救急車を呼んで!

病院　　　　診断結果：骨折

よく放っておきましたね

すぐ連れてこないからその分骨がずれてしまっていますよ

ご家族のところに謝りに行ったのですが…

この度は本当に
申し訳ございませんでした…

お宅、年寄り集めて適当に
遊ばせときゃいいと思ってんじゃないの？

そんないい加減な
気持ちならやめた方が
いいんじゃないの？

しっかり
責任とってもらい
ますからね！

…というわけなんです。
どうしてこんなことに…。
オープンしてから8年、こんな
ことは初めてで…

それは運が悪かったですね。
うちは特養ですが、やっぱり
現場で転倒事故は防ぎきれま
せんよ

ご家族だって
電話に出てくれなかった
のですし…

1. 介護事故とは

「介護事故」と聞くと、皆さんは何をイメージされるでしょうか？　施設で利用者が転倒して骨折、利用者が食事中にパンを喉に詰まらせ窒息しそうになった…いろいろな場面が考えられますね。

介護事故とは、事業形態を問わず、介護の現場で起きる利用者の身体・生命に危害が及ぶ可能性のあるあらゆる事故を指します（第4章では障害者施設・事業所での事故事例も取り上げていますが、態様は大きく異なるものの、基本的な考え方は共通です）。

高齢者の事故については、これまで公式な統計はありませんが、転倒や誤嚥が典型的です。

本書では、こうした介護・障害の現場で起きる事故への対応法について、主に事業所運営者（経営者や中間管理職）の立場から解説しています。利用者・家族対応はもちろんのこと、事業所の職員に対しても管理者の立場でどのように関わっていくべきかを説明している点が特徴です。

セミナー等でリスクマネジメントについてお話ししますと、よく「うちは十数年事業をやってきて、大きな事故が起きたことは一度もない」とおっしゃる方がいます。しかし、「だから、この先も大丈夫」ということにはなりません。今後も事故が起きない可能性はゼロではなく、むしろ介護事故に対処した経験がないため、いざ事故が起きれば右往左往してしまうことでしょう。そのような事業所こそ、事故について対策を講じておく必要があるのです。

　自分の事業所・施設の利用者が転倒しケガをすれば、それが後に裁判に繋がってしまうことも考えられます。もちろん事故の"予防"をすることも大切ですが、事故が起こる可能性がゼロでない限り、常に「もし、事故が起こってしまったら…？」を想定し、事故後に備えておくことも非常に重要です。

　2021（令和 3 ）年の介護報酬改定に伴い、施設におけるリスクマネジメントの強化が重要視され、事故発生の防止等のための措置が講じられていない場合に基本報酬を減算する措置（安全管理体制未実施減算）、および組織的な安全対策体制の整備を新たに評価する（安全対策体制加算）制度が導入されました。

　そして、2024（令和 6 ）年の介護報酬改定においても、事故予防・分析の取り組みは更なる進化が求められています。

　現場は慢性的な人材不足が続いていますが、だからこそ事故やトラブルで貴重なマンパワーを浪費しないよう、本書をお役立て頂ければ幸いです。本書をお読み頂くことで、基本的な考え方や心構えから始まり、実践的対処法、裁判例まで網羅的に学習することができます。

　それでは前置きはこのくらいにして…Ｂさんが抱えている転倒事故について見ていきましょう。

2. 介護事故後の対応方法と改善点

（1）事故後の心構え

 Bさん 先生、早速ですけど教えてください。花子さんの事故の件で、うちは何が悪かったのでしょうか？

 外岡先生 まずは落ち着いて。かなり利用者家族に責められ意気消沈されたことと思いますが、気にしすぎてもよくありません。

 Bさん そうですか…。花子さんをあんなひどい目に遭わせてしまって、もう介護する資格なんてないんだと思っていましたが…。

 Cさん 大丈夫ですよ、Bさん！

 Aさん いろいろと運が悪いことが重なったと思うけど、利用者の転倒事故はどこでも起こり得ることなんですから。

 Bさん 皆さん、ありがとう。

 外岡先生 実際にまじめな人ほど、事故を起こしたことを悔やむあまり介護の仕事を辞めてしまったり、燃え尽きたりするものです。私は、それが一番もったいないことであると考えます。まず、事故・トラブル全般との向き合い方として、次の心構えを持つようにしましょう。

> 反省はしても後悔はしない

外岡先生 これですね。あまり自分を責めすぎないこと、これが大事です。やるべきことをしっかり意識し、将来に向け改善し続けていれば何もくよくよ悩む必要はないのです。

Bさん 反省はしても、後悔はしない…。

外岡先生 Bさんの事業所だって、8年間ずっと問題なくやってこれたのでしょう？　その実績を忘れちゃいけません。もっと自信を持ってください。

Bさん ありがとうございます。そう言われて、目の前に光が差してきたように感じました。

（2）事故後対応の流れ—裁判とは—

Bさん 花子さんの娘の旦那さんが怒鳴るのが本当に怖くて…。最悪、裁判にかけられるということもあるのでしょうか？　実はまだ損害保険会社の調査中で、終結していないのですが。

外岡先生 現実には裁判もあり得ますね。そもそも裁判には民事と刑事、そして行政訴訟がありますが、通常、私人間（しじんかん）で「裁判」というと民事を指します。そして民事訴訟というものは、理屈上どんな理由でも、誰でも誰に対しても提起することが可能なのです。

Aさん

ええっ、本当ですか。

外岡先生

そうです、裁判を受ける権利は憲法上保障されています。さすがに全く根も葉もない言いがかりでは、認められないこともありますが。

もし訴えを起こせる場合が制限されてしまうと、「自分にとっては重要なことなのに、権利を主張できない」ということになってしまうため、基本的に無制限とされているのです。

民事裁判というものは、裁判を起こされた相手は反論しなければ、自動的に負けとなる仕組みです。

Bさん

それは恐ろしいですね…。裁判所からきた書類は、無視してはいけないのですね。

外岡先生

その通りです。それでは、今現在のBさんの状況に合わせ、家族側と話し合いをしても折り合いがつかない場合どうなるかを、まず解説しましょう。

📖 もっと詳しく！ 解説

●事故後の家族対応の流れ

　次の図は、事故後の家族側とのやり取りの流れをチャートにしたものです。

　日本は法治国家であり私人間のトラブルには民法が適用されますから、いかなる事故であろうと最後は法律（民法）に当てはめ、責任の有無が判定されることになります。それが「本件事故につき責任があるか」という問題の行き着くところです。

図−1　事故後の交渉フローチャート

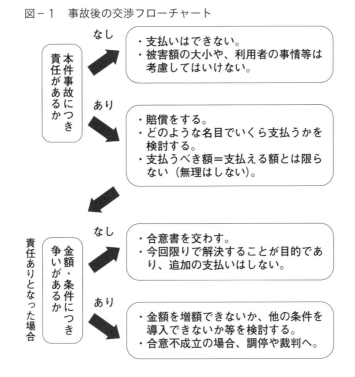

　責任の見極め方については後述しますが、もし本件事故について事業所側に責任がないのであれば、図−1のチャート最上段の「支払いはできない」ということになり、一方で責任を認めるのであれば、2段目の「賠償をする」という流れとなります。

　よく事業所の方で勘違いされたり、誤った判断をしがちなのが、上段の「被害額の大小や、利用者の事情等は考慮してはいけない」という部分についてです。

　例えば「被害が1万円程度であれば、事業所の方で払ってしまおう」、「このご家庭はお金がなく、かわいそうだから治療費は事業所で負担してあげよう」等と、本来考慮すべきでない情報に流されてしまうことがあります。しかし、そのように被害額が大きいか小さいか、

利用者家族の特徴等で判断するのでは、法的な対処といえません。あくまで「法律に基づいて考え、本件事故につき賠償責任があるか否か」という観点から、客観的に判断するようにしましょう。割り切った考え方ですが、まさにこれが法律の発想なのです。

　２段目の「支払うべき額＝支払える額とは限らない（無理はしない）」とは、例えば「法的に考えても賠償額は最低1,000万円になりそうだ。実際に相手は1,000万円請求してきている」という場合に、無理をして額面通り必ず支払わなければならないというものではない、ということを意味します。

　<mark>裁判に至る前はあくまで交渉の段階であり、言葉は悪いですが「値切る」</mark>ことも可能です。利用者側に弁護士が代理人として就き、高額を提示されたとしてもそのまま受け入れる必要は全くありません。利用者側の気持ちを考えれば、「値切るなんてとんでもない！それこそ誠意がないと言われそう」と躊躇されるかもしれませんが、誠意とは決して、相手の言いなりになって支払うというものではありません。法的な根拠に基づき公平・公正な額を追究することは全く問題ないのです。

　「責任あり」となった場合は、では具体的にいくらを払うことで合意（これを「示談」といいます）するか、という条件の調整に入ります。大抵は支払額に差があるため、お互いが少しずつ歩み寄り、妥当な額で決着させることを目指します。めでたく合意が成立すれば、「責任あり」の場合の上段の「合意書を交わす」となりますが、最後まで合意が成立しなければ、下段のチャートとなります。この場合、請求する側である利用者・家族は、示談が不成立に終わった以上、裁判所の調停や裁判等、さらなる手段を検討しなければなりません。

　参考までに、示談が成立した場合に交わす合意書のサンプルを載せておきます（P. 14参照）。

　合意の際の注意点は、「事業所と利用者の間の賠償問題は今回限りで解決させるものであり、追加の支払いはしない」ということを双方はっきりと確認することにあります。示談書を作っておかないと、後から「後遺症が長引き追加の介護費用が発生した」等とまた新たな請求をされてしまうかもしれません。そのような事態を防ぐために、合意書には末尾に「何らの債権債務がない」と明記されています。この条項が重要なのです。

図−2　合意書サンプル

示談書

　甲こと＿＿＿＿と、乙こと＿＿＿＿は、令和6年4月1日、甲が乙
の運営する住宅型有料老人ホーム「　」に入所中、自室で転倒し
左大腿骨頸部を骨折した件（以下「本件事故」という）につき、
次の通り示談する。

1．乙は甲に対し、本示談成立の日から7日以内に、解決金とし
　て合計金200万円を支払う。
　　支払方法は別紙記載の甲指定の口座に対し一括振込で行うも
　のとする。
2．甲は乙に対し、本示談をもって乙の本件行為を許す。
3．甲と乙は、本件に関し、本合意の成立や内容について他に口
　外しないことを約する。
4．本件に関し甲乙間には、本示談書に記載されたもの以外、何
　らの債権債務がないことを相互に確認する。

　以上本示談締結の証として、本書2通を作成し、甲乙記名捺印
のうえ各1通を保有する。
令和6年　月　日

（甲）
（甲代理人）

（乙）
（乙代理人）　〒○○○−○○○○
　　　　　　　東京都…
　　　　　　　弁護士　○○○○

ご説明のおかげで、自分の今の立ち位置が分かりました。ちょうど花子さんの家族側から、治療費や入院費の診療報酬明細が送られてきたところなので、まだ始まったばかりという段階なのですね。頑張っていきます。

Bさん

（3）今回のケースの反省点

先生、うちは特別養護老人ホームなのですが、今回のBさんのケースは本当に他人ごとではありません。花子さんのように、利用者自身が認知症であるために痛みや骨折の事実を認識・表現できず、後から発覚というパターンが現場では一番多いように思います。今回の事故の反省事項は何でしょうか。

Cさん

それは、ずばり次の項目です。

外岡先生

花子さん転倒ケースの反省点

① 骨折の事実を即座に見抜けなかったこと

・現場職員は「心配性」になるべし。

② 家族（キーパーソン）と連絡が取れる体制を築いていなかったこと

・デイサービス利用中でも緊急事態が生じ得ることを契約段階で伝え、あらかじめ家族に協力を求める。ショートメール、SNSなどでのやり取りや、留守番電話機能を付ける等。

③ 送迎の段階で異変に気付けなかったこと

・事故発生後は常に利用者の顔色や体調の観察を怠らない。

家族に引き渡すタイミングで他人ごとになりやすいので特に注意する。

① 骨折の事実を即座に見抜けなかったこと

●事故後の経過もきちんと観察すること

順に説明します。まず医師も指摘したように、客観的事実として、骨折していたにも関わらず放置していたというのはやはりまずいですね。下手をすれば介護放棄による虐待（ネグレクト）と認定されかねません。よく現場で聞く弁解として、「バイタルも安定していたし、利用者自身は「大丈夫」と言い続けた」というものがあります。そういった要素だけで安易に「骨折していない」と判断し、油断することのないよう現場職員が意識することが大切です。

確かに…ベテランのおばちゃんヘルパーなんて、「これくらいで骨折はしないから大丈夫！」なんて笑い飛ばすこともあるくらいですから。それで後から「実は折れていました」じゃあ、家族も納得できませんよね。

認知症といっても症状はさまざまですから一概には言えませんが、やはり健常人のように痛みを感じることがないということもあり得ます。その場合は見極めが難しいかもしれませんが、例えば骨折後、人体の反応として発熱するということがありますね。そのことに気付かず、骨折とは別の原因で発熱したと勘違いしてしまう…。

Cさん

よくあるパターンですよね。職員は基本的に事故が起きたらケガのあった箇所をすぐ確認しますから、見たまま を利用者家族に報告してしまいがちなんですよね。

外岡先生

それが落とし穴なのです。炎症や腫れは一定時間が経過して顕著になる傾向があります。反省点③とも共通しますが、現場では転んですぐ状況確認したら終わり、ではなく、しつこいくらい気にし続けるくらいがちょうど良いでしょう。

Bさん

ただ先生、花子さんには事故後に「大げさなことにしないでちょうだい」とはっきり言われました。そのことをご家族に説明したのですが、花子さんの娘の旦那さんからは「年寄りの言うことを真に受けて、結局命を危険にさらしたんじゃないか」と逆に怒られてしまいました。でも花子さんはプライドの高い方なので、もし無理にでも救急車を呼んでいたら今度は花子さんとの関係が悪化してしまっていたと思うんです。こういう場合はどう対処すれば良かったのでしょうか。

外岡先生

確かに、そこは難しい問題ですね。ですが、このように迷ったときこそ立ち返るべき考え方があります。それがコンプライアンスです。ちょうど良いので、ここでその話をしておきましょう。

📖 もっと詳しく！ 解説

●迷ったときは「コンプライアンス」で判断する

　コンプライアンス、これがあらゆるトラブルを切り抜ける究極かつ基本的なスタンスとなります。コンプライアンスとは、法令遵守を意

味します。要するに 「法律ではどう定められているか」 を常に意識し、迷ったときはその規定に従うということです。

　本ケースのような事故の対応については、まず利用契約上、事業所には利用者の生命、身体、財産の安全を守る義務が当然に発生しています。もし契約書にそのことを明確に記載した条項がなかったとしても、「安全配慮義務」というサービス提供の前提となる義務として課せられていると解釈されます。これが事故により脅かされたとなれば、事業所としては利用者に医師の診断を受けさせる等の措置を講じなければなりません。

　また運営基準によれば、デイサービスに限らずあらゆる施設・事業所は次の通り「必要な措置」を講じる義務を負っています。

> 「指定訪問介護事業者は、利用者に対する指定訪問介護の提供により事故が発生した場合は、市町村、当該利用者の家族、当該利用者に係る居宅介護支援事業者等に連絡を行うとともに、必要な措置を講じなければならない。」
> （指定居宅サービス等の事業の人員、設備及び運営に関する基準第37条第1項。デイサービスについて、同基準第104条の3で同様の規定あり）

　これに違反すると行政の指導対象となります。事故発生時に「必要な措置を講じなかった」となれば、前述のように虐待や刑事罰に問われるという事態にも追い込まれかねません。

　もっとも、だからといって花子さんに「法令上必要な措置を講じることが義務づけられているので、救急搬送します」と断言しては角が立ちます。そこで例えば、次のように花子さんの思いをくむ言葉がけをすると良いでしょう。

「お気持ちはよく分かります。ですが、もし大事な花子さんのお体に骨折でもあったらと思うと、私はとても心配です。またこちらの都合で恐縮ですが、デイサービスという事業を運営する上でどうしても守らなければならない法令があり、事故が起きたら必要な措置を講じるよう命じられているのです。うちでは皆様転倒されたときは一応お医者様に診て頂くことにしていますので、どうかご協力頂けないでしょうか」

外岡先生　いかがでしょうか。あくまでお願いするというスタンスですが、その芯（骨格）に、契約書や法令の文言を据えるというイメージです。もしそれでも利用者に同意してもらえないときは、家族かケアマネジャーにその旨を報告し指示を仰ぎましょう。

このように、迷ったときは法令などのルールに立ち返るという姿勢を身に付けることで、現場で困ることも格段に減るはずです。

Bさん　よく分かりました。これからは、利用者が遠慮したり「結構です」と言われたときも、とにかく心配性になって、医療機関で受診してもらうようにします。

●救急搬送時の対応

Aさん　ところで先生、救急搬送するときは、必ず職員が救急車に同乗しなければならないのでしょうか？　誰も手が離せないということもあるかと思うのですが…。

この点については、先程の運営基準中の「必要な措置」の解釈に関わってくるわけですが、これは解釈通知でも明らかにされておらず、「事故発生時の対応方法を定めておくことが望ましい」とされている程度です。したがって、搬送時の職員の同行は法律上の明白な義務とは言い難いといえるでしょう。

もっとも現実には、ケガを負った経緯等を誰も説明できないまま搬送されても、受入れ側の病院も困ってしまいますね。施設側としては、「100％搬送への同乗をお約束することはできかねますが、極力付き添います」というスタンスで臨む他ないものと思います。問題は、そのように契約書や重要事項説明書に明記するとさすがに角が立ち、行政から訂正を求められかねないという点なのですが…。

難しいですね。一種の暗黙の了解、といったところでしょうか。

そう言えると思います。グループホームのような小規模の施設であれば、少なくとも口頭ではそのような説明をしておいた方が無難かと考えます。

本当にそうですね。私は以前グループホーム勤務でしたが、地域によっては救急車が来てくれなくて、やむを得ず施設の車で搬送するということもありましたから。

おっしゃるように、救急車が呼べず施設の送迎車で搬送するということも、それ自体は違法ではなく、やむを得ない場合もあります。ただあくまで例外なので、実際にそういった可

能性を漏れなく事前に説明し理解してもらうことも大変かと
は思います。また現実に全ての可能性を説明していくと、利
用者家族の方がどんどん不安になってしまうということもあ
るでしょうね。

ここは「先手」の発想（「先手とは」（P. 38）参照）で、例
えば重度者や転倒可能性の高い利用者についてはある程度詳
しく本人や家族に話しておく等、利用者ごとにメリハリを付
けて対応するのが良いと思います。

② 　家族と連絡が取れる体制を築いていなかったこと

●いかにうまく家族と連携するか

外岡先生 反省点②に進みますが、「家族（キーパーソン）との連絡体
制の構築」ですね。「デイサービス利用中でも緊急事態が生
じ得ることを契約段階で伝え、あらかじめ家族に協力を求め
る」という部分については、第 3 章で詳しくお伝えするとし
て、今回のように「職員が家族に電話したにも関わらず、応
答がなく留守番電話にも繋がらなかった」という事態をどう
したら回避できるかを考えてみましょう。

Cさん こういうケース、結構多いですよね。携帯を持っている家族
ならまだ良い方で、老老介護だったりすると、携帯すらなく
て家の電話も留守番電話機能なし、ということもあったりし
ますからね。

Aさん そういうときはどうしているのですか？

近所であれば、生活相談員が直接自宅に行って置き手紙を置いてきたりしています。しかし、当然家族がそれに気付くのは遅れます。

利用者・家族の在り方も千差万別なので、受け入れる側としては大変かと思います。ですがこんなときこそ「先手」を意識しましょう。この問題に関わらず、何でも「先回り」するという意識・姿勢が重要なのです。

反省点②の「ショートメール、SNS などでのやり取りや、留守番電話機能を付ける」ということですか？

その通りです。例えば、入所時の契約前の段階で、家族の基本情報等を入力するフェイスシート等の書面がありますね。その中の家族の連絡先の欄に、電話番号だけでなく、留守番電話機能の有無、ショートメールが使えるか、SNS ではどうか…といった、複数の連絡手段の項目を記載しておくようにします。

なるほど、事前にどのような方法でやり取りできるかを確認しておけば良いのですね。

●協力的でない家族の場合はどうするか

今回のように、電話に出ず留守番電話機能もない方にはどう対処すれば良いのでしょうか？　こういう方、案外多いんですよね。

留守番電話機能を使ってもらえないか頼みましょう。それも難しく、メールも使えないというなら、致し方ありません。

Cさんのように、置き手紙作戦でいくしかないのでしょうか？

それも不確実ですから、緊急時になっていきなりその方法に頼るのも心もとないですね。そんなときはストレートに、「施設では、ご利用者の容体が急変したり事故に遭われる等、緊急事態が発生することがあります。一刻を争うときにご家族と速やかに連絡が取れないと、施設としては心配です。どうすれば必要なときに連絡が取れるでしょうか？」とお尋ねしましょう。

あっ、そうか…そんな単純な方法で良いのですね。

シンプルイズベストです。ポイントは、「心配です」と、あくまで家族のことを案じている表現を用いることです。ここで「困ります」と本音（？）を言ってしまうと感じが悪いですね。

確かに。でも先生、それでも「そんなことは知ったことではない」と家族から突っぱねられたらどうすれば良いのですか？

そんな非協力的な家族では、施設としてもさすがに受け入れられないですよね。そのときは正直に「それではいざというときご利用者の身体・生命の安全を守りきれないおそれも出

てきます。他のご家族様とは何かしら連絡の取れる方法を確保させて頂いておりますが、それができないとなりますとお引き受けすること自体不安が残ります」と伝える他ないでしょう。ここで勇気をもって施設側の事情を伝えておかないと、いざというときに本件のような事態に陥ってしまうということです。

Cさん

家族の存在が高リスクであるケースは、入り口段階で慎重にならないといけない、ということですね。

● 「困り感」を出していく

外岡先生

そうはいっても、介護施設は基本的に「利用者を恣意的に選別してはならない」という大原則があり、特にCさんの所のような特別養護老人ホームでは、ポイント制に基づき公平・平等に利用者を受け入れることが必須です。あくまで「困っている」というスタンスで臨むようにしましょう。これを専門用語で困り感といいます。

Aさん

「困り感」ですか、どこかで聞いたことのある言葉ですね。

外岡先生

「あることを嫌だと感じ何とかしたいと思うが、うまく処理できず、どうしたら良いか分からない状態」のことを指しますが、障害福祉の分野で用いられる概念です。
例えば、発達障害児の暴れる、指導に従わないといった行動を、ただ「問題行動」と捉えるか、その人なりに「困っている」事情と経緯があり、それを共有し解決していこうと位置

付けるかで、支援の質や方向性が全く違ってきます。「この行動は利用者の困り感の現れだから、これを正しい行動（精神科の受診等）に導くためのテコとしてはどうか」というふうに使います。

Bさん　事業所側も、無理をせずどんどん「困り感」を出していけば良いのですね。

外岡先生　私は、それくらいがちょうど良いと思います。元より介護というものは施設であれば365日、24時間切れ目なく日常生活そのものを提供する事業です。利用者の日々の生活を支えるには、家族の協力はどうしても必要になります。それは当たり前のことであって、「できないことはできない、だから協力してほしい」と素直に言えることが大事なのです。

Cさん　なるほど、確かにそうやっていけば、利用者家族も自覚をもって「施設に任せっぱなしではいけないのだ」と思ってもらえるかもしれませんね。うちは家族と協力してやっていこうという意識が弱かったかもしれません。

●普段から緊急時の連絡手段を試しておく

外岡先生　実務上のコツを補足しておきますと、緊急時の連絡手段を確認しただけで安心せず、一度は「試してみる」ことをお勧めします。例えばショートメールが使えるという家族なら、できれば普段からショートメールでのやり取りをしておきましょう。そうすれば緊急時もスムーズに連絡が取れるという

ものです。

また、メールの良いところは夜間や早朝等の寝ている時間帯でも、電話よりは抵抗なく送ることができる点です。「夜中に転倒したが、電話することがはばかられ一晩様子を見ていた。明け方になって熱が上がり救急搬送し、その後で家族に報告することになった」というケースがありがちです。「万一夜中に事故・急変があったときはメールでご連絡したいと思いますが、よろしいですか？」等と確認しておくと良いでしょう。

●訪問系サービスの場合の連絡体制

Aさん

先生、うちのような訪問系の事業所はどう考えれば良いですか。

外岡先生

基本的には同じことです。ただ施設と違って意識すべきところは、家族が利用者と同居か否か、という点ですね。別居で高齢の利用者が一人暮らしという状況だとリスクはより増します。家族の在り方によって状況が千差万別ですので、各利用者の人間関係やサポート体制をよく把握しておくことが重要です。

Aさん

うちは軽度の利用者が多く、まだ元気で判断力もあるので利用者自身が契約者となり、家族は契約に関わらないというケースも多いのですが、そこで事故が起きた場合、やはり家族に連絡すべきでしょうか。

確かにそこは悩ましいところですね。契約上「身元保証人を緊急時の連絡先とする」と定めていれば、家族がいても身元保証人ではない以上報告義務もない、と言い得るものと考えます。ですが現実には「なぜ家族の自分に報告してくれなかったのか」と、クレームになってしまいますね。利用者によっては「家族には連絡しないでほしい」と言う人もいますから、どのような家庭の事情があるのか、ある程度踏み込んで聞かざるを得ないこともあろうかと思います。緊急時対応という重要な目的がある以上、「誰に連絡すべきか、してはならないのか」を尋ねることはやむを得ません。

③　送迎の段階で異変に気付けなかったこと

●利用者を「観察」できているか

では最後に反省点③について説明します。

花子さんを帰りのワゴンに乗せるまでは普段通りに見えたので、自宅に届けたとき「一度病院に連れて行った方が良いと思います」と告げたというところですね。本当にお恥ずかしい限りですが、ここはさすがに職員の配慮不足だったと非難されても仕方がないものと思います。

でも、これは事業所側の感覚かもしれませんが、一応スタッフは「病院に連れて行った方が」と気遣う言葉をかけたわけですよね。そのときは骨折しているとは認識していなかった以上、そこを責められても…ということもあるかな、と思うのですが。

外岡先生 そうですね、ここは結果論になってしまいますが、花子さんは「冷や汗をかいて真っ青」な顔色で、苦痛で顔をゆがめ痛みを堪えている表情だったのですから、送迎の職員が油断せず顔色や体調を観察していればもっと早く異変に気付けていただろう、となってしまいます。

 Cさん 例えば、このように利用者の骨折に気付くのが遅れたことで、高額の賠償を課せられることがあるのでしょうか。

 外岡先生 確かに、家族からすれば「苦痛の時間を無為に引き延ばした」ということになり、現実の転倒事故ケースでも、転倒自体よりその後の発見・対応の遅れということで厳しく指摘されます。しかし、いざ裁判で争われると、この遅れの件についてはそれほど問題視されないという傾向があります。過去に実際にあった裁判では、一晩搬送が遅れた点につき認められた慰謝料はたったの20万円でした（平成25年5月20日／東京地方裁判所判決／平成23年（ワ）第33164号）。

 Cさん それを聞いて、少し安心できました。利用者には気の毒ですが…。

 Aさん Bさん、この件では、送迎の職員は1人だったのですか？

 Bさん そうなんです、運転手兼送迎員としてやっていますので、運転中は利用者一人ひとりの様子を観察できないのですよね。

 Aさん なるほど…もし送迎員が別についていたら、もう少し早く気付けていたかもしれないですね。でも現実には、送迎で2人

図−3　花子さんの表情（マンガの7コマ目）（p.3参照）

手配するというのは厳しいと思います。先生、そのような人的制約がある中で、今回のケースではどう対処すれば良かったのでしょうか？

外岡先生

実は答えは既に出ています。「家族に引き渡すタイミングで他人ごとになりやすいので特に注意する」。これが、明白に改善できた点です。

Cさん

引き渡すタイミング？　何かありましたっけ。

外岡先生

もう一度、マンガの7コマ目を見直してみましょう。職員は花子さんを引き渡す際、「一度病院に連れて行った方が良いと思います」と伝えていますね。花子さんはそのときどんな表情ですか？

Bさん

あっ、真っ青で冷や汗をかいておられます。

Aさん

痛みを堪えている苦悶の表情でもありました。そうか、それくらいはっきり異変が分かる状態だったにも関わらず、「病

院に連れて行った方が良い」なんて言えば、他人ごとみたい
に聞こえてしまいますね。

その通りです。たとえ内心では心配していたとしても、最低
限「ご利用者が苦しそう（痛そう）にしている」という認識
はお伝えすべきでした。
家族から見れば、「施設から戻ってきたらここまで異常がみ
られるというのに、この職員はなぜこうも平然としていられ
るのだろう」と強烈な不信感を抱いたのではないでしょう
か。

良く分かりました。このとき職員は、「施設を出るときは顔
色もよく痛みの訴えもなかったのですが、今到着したところ
とても痛そうにしておられます。申し訳ございません」と、
先に謝ってしまえば良かったのですね。

そうですね、やはり日中に施設で転倒されたことは事実です
から、送迎時でもその事実を伝え、さらにお電話もしたこと
を、言い訳に聞こえないよう配慮しつつ告げる必要がありま
す。その上で「直ちに救急搬送させてください」と、率先し
て救急車を呼んだ方が良かったかと思います。
実務では、このように不可抗力もあり「後手」に回ってしま
うことも多々あります。そんなときでも諦めず、今からでも
できることを見つけ実行していきましょう。これを、私の造
語ですが「先手リカバリー」といいます。

常に先読みすることは、人間である以上不可能ですものね。
諦めずに食らいつくことが大事なのだなあ。

外岡先生

「先手」の意識と行動が、誠意となって家族には伝わります。人の怒りは6秒間は持続しないという言説もあるくらいですから、その時は怒り心頭でも、時が経てば落ち着いて対応してくれる家族も大勢います。「こんなに怒られてしまったら、もう駄目だ」と諦めることなく、粘り腰で向き合っていきましょう。

●職員に対しては何に気を付けるべき？

Bさん

先生、管理者として転倒時に居合わせた職員や、送迎担当の職員等、現場の者との関係ではどんな点に注意すれば良いのでしょうか。

外岡先生

大きく分けて2点あります。①現場職員に対する心のケアと、②事故・家族対応の記録です。
①については、真面目な職員ほど、たまたま転倒の現場に居合わせただけであっても「もっと自分が気を付けていれば…」と自分を責めてしまいがちです。反省点があれば次から気を付け、前向きに捉えていければ良いのですが、下手をするとそれがきっかけで挫折してしまいかねません。

Cさん

冒頭の格言の通りですね。「反省はしても後悔はしない」と。

外岡先生

その通りです。問題は現場職員ほど、事故で苦しむ利用者や怒りをあらわにする家族と、ダイレクトに接しなければならず、その分ショックも大きいという点です。家族からすれば当然なのですが、現場の一職員であっても家族はその施設の

代表、窓口と見なします。そしてその場で怒りを爆発させれば、言われた方は「自分が悪いのだ」としょげてしまうことでしょう。そこで管理者の立場としては、まず現場の人をフォローすることに徹しましょう。「大丈夫、あなたのせいではないよ。あなたは良くやってくれているんだから」と励ましてあげてください。くれぐれも「あなたが付いていながら、何をやっていたの！」等と責めるような発言をしてはいけません。

Aさん

確かに…そんな言葉を投げかけただけで、辞められてしまいそうです。怖くてとても言えませんね。

Cさん

でも、昔からの感覚の人はそういう風に現場の人を叱責してしまいかねないと思いました。自分も気を付けます。

外岡先生

起きてしまった事故はその事業所全体の責任。誰か一人が悪いということはないのです。逆境のときこそ団結していきましょう。

さて、2点目は事故・家族対応の記録です。これこそ、事件を目撃した当事者である現場職員にしかできない大切な仕事です。第3章で説明しますが、事故後の賠償問題を巡っては当時の記録（裁判では証拠となる）が何より重要です。記録がなければ何も始まりません。ですから管理者の人は、まず事故を目撃・体験した職員に、事細かに当時の状況を尋ね記録を取りましょう。文章が苦手だったり時間がないのであれば、図－4のように、転倒の直前直後の状況を再現し写真を撮るというのも有効です。私のリスクマネジメント講座では、職員が利用者役を担い、このように事故状況を再現し保

図− 4　写真による事故様態の記録

〔 存することをお勧めしています。

〔 これはどのように使うのですか？
Bさん

〔 例えば、行政に提出義務のある事故報告書に、別紙として事
外岡先生　故状況を説明する資料として付けることができます（なお、
　　　　　事故報告書については、厚生労働省通知（令和 3 年 3 月19日
　　　　　老高発0319第 1 号・老認発0319第 1 号・老老発0319第 1 号）
　　　　　により標準様式が示されています（図− 5 参照））。
　　　　　もちろん、家族に事故状況を説明するときや、損害保険会社
　　　　　に詳細を説明する資料としても使えます。証拠とは、何も文
　　　　　章で書いたものだけではありません。最終的には裁判で出す
　　　　　こともできるのです。
　　　　　とはいっても、必ず何かの場面で使わなければならないとい
　　　　　うものではなく、まずは備忘録として、細部の状況を忘れか
　　　　　けたときに見直し、記憶を補修するものと位置付けると良い

図-5　事故報告書の標準様式

事故報告書（事業者→○○市（町村））

※第1報は、少なくとも1から6までについては可能な限り記載し、事故発生後速やかに、遅くとも5日以内を目安に提出すること
※選択肢については該当する項目をチェックし、該当する項目が複数ある場合は全て選択すること

□ 第1報	□ 第＿＿＿報	□ 最終報告	提出日：西暦　　年　　月　　日

<table>
<tr><td rowspan="2">1 事故状況</td><td>事故状況の程度</td><td colspan="4">□ 受診（外来・往診）、自施設で応急処置　　□ 入院　　□ 死亡　　□ その他（　　　　　　　　）</td></tr>
<tr><td>死亡に至った場合
死亡年月日</td><td>西暦　　　年</td><td>月</td><td>日</td><td></td></tr>
<tr><td rowspan="4">2 事業所（施設）の概要</td><td>法人名</td><td colspan="4"></td></tr>
<tr><td>事業所（施設）名</td><td colspan="2"></td><td colspan="2">事業所番号</td></tr>
<tr><td>サービス種別</td><td colspan="4"></td></tr>
<tr><td>所在地</td><td colspan="4"></td></tr>
<tr><td rowspan="5">3 対象者</td><td>氏名・年齢・性別</td><td>氏名</td><td>年齢</td><td colspan="2">性別：　　□ 男性　　　□ 女性</td></tr>
<tr><td>サービス提供開始日</td><td>西暦　　年</td><td>月　　日</td><td colspan="2">保険者</td></tr>
<tr><td>住所</td><td colspan="4">□ 事業所所在地と同じ　　□ その他（　　　　　　　　　　　　　）</td></tr>
<tr><td rowspan="2">身体状況</td><td>要介護度</td><td colspan="3">□要支援1　□要支援2　□要介護1　□要介護2　□要介護3　□要介護4　□要介護5　□自立</td></tr>
<tr><td>認知症高齢者
日常生活自立度</td><td colspan="3">I　　IIa　　IIb　　IIIa　　IIIb　　IV　　M</td></tr>
<tr><td rowspan="6">4 事故の概要</td><td>発生日時</td><td colspan="4">西暦　　年　　　月　　　日　　　時　　　分頃（24時間表記）</td></tr>
<tr><td>発生場所</td><td colspan="4">□ 居室（個室）　　□ 居室（多床室）　　□ トイレ　　□ 廊下
□ 食堂等共用部　□ 浴室・脱衣室　□ 機能訓練室　□ 施設敷地内の建物外
□ 敷地外　　□ その他（　　　　　　　　）</td></tr>
<tr><td>事故の種別</td><td colspan="4">□ 転倒　　□ 異食　　□ 不明
□ 転落　　□ 誤薬、与薬もれ等　　□ その他（　　　　　　　）
□ 誤嚥・窒息　□ 医療処置関連（チューブ抜去等）</td></tr>
<tr><td>発生時状況、事故内容の詳細</td><td colspan="4"></td></tr>
<tr><td>その他
特記すべき事項</td><td colspan="4"></td></tr>
</table>

※　本様式は、厚生労働省のホームページより Excel 形式でダウンロードすることができます。

5 事故発生時の対応	発生時の対応								
	受診方法	☐ 施設内の医師（配置医含む）が対応		☐ 受診 （外来・往診）		☐ 救急搬送		☐ その他（　　　　）	
	受診先	医療機関名				連絡先（電話番号）			
	診断名								
	診断内容	☐ 切傷・擦過傷		☐ 打撲・捻挫・脱臼		☐ 骨折（部位：　　　　　　　）			
		☐ その他（　　　　　　　　　　　　　　　　　　　　　　　）							
	検査、処置等の概要								

6 事故発生後の状況	利用者の状況								
	家族等への報告	報告した家族等の続柄		☐ 配偶者	☐ 子、子の配偶者		☐ その他（　　　　　　　）		
		報告年月日	西暦		年		月		日
	連絡した関係機関 （連絡した場合のみ）	☐ 他の自治体 　自治名（　　　　　）		☐ 警察 　警察署名（　　　　）			☐ その他 　名称（　　　　　）		
	本人、家族、関係先等への追加対応予定								

7 事故の原因分析 （本人要因、職員要因、環境要因の分析）	（できるだけ具体的に記載すること）
8 再発防止策 （手順変更、環境変更、その他の対応、再発防止策の評価時期および結果等）	（できるだけ具体的に記載すること）
9 その他 特記すべき事項	

でしょう。

Aさん

そういえば、公道で事故を起こせば警察を呼んで、後は警察の方で勝手に実況見分をしてくれますよね。介護事故では普通現場職員が記録しなければなりませんが、今まで文章で記録することにとらわれていたかもしれません。写真でも良いのですね。

外岡先生

その通りです。固く考える必要はなく、まずは利用者・家族に誠意を示し、少しでも安心してもらうという発想でいろいろ工夫されると良いでしょう。

　以上が、デイサービス転倒事例における対応の問題点と改善のポイントでした。
　次章からは、本章でも取り上げた「先手」の実践での生かし方や、事故前の契約段階からの注意点等を時系列に沿って詳しく解説していきます。

第 **2** 章

総 論

さて、事故後対応の
方法について
学んでいきましょう！

　本章では、あらゆる事業形態に共通する事故・トラブル対応のルールおよび実践方法をお伝えします。

　訪問介護でも施設介護でも事業形態に関係なく、やるべきこと、意識するポイントは同じです。まずは基本を押さえましょう。

　早速ですが、次の図をご覧ください。

図－6　事故・トラブル対応3つのルール

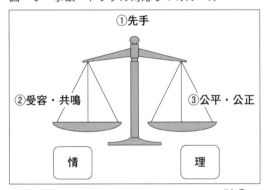

　これは天秤の絵ですが、「3つのルール」とは「先手」、「受容・共鳴」、「公平・公正」の3点を指します。以下、順に説明します。

（1）先手

① 常に先手を意識せよ

●先手とは

　相手の不満・疑問・要望をいち早く察知し、何事も先回りしてこれらに応えるべく行動する、という前倒しの姿勢を意味します。これが

最も重要な要素であり、逆に言えばこの姿勢さえあれば何も問題は起きません。

　例えば、皆さんが仕事上がりに2、3名でカラオケに行ったとしましょう。ところが店に入っても誰もいない。通りがかった店員をつかまえて声をかけると「何名様ですか」と面倒そうに答える…、そんな接客をされたらどう思うでしょうか。「やる気があるの？　こっちは客なのよ！」と憤慨するか、「もうこの店には次から来ない」と心に決めることでしょう。

　何事も第一印象が肝心ですから、出だしで悪印象を持たれるとリカバリーは困難です。本来の接客であれば、店員には次のような行動を取ってほしいものです。

- ☑　忙しくても出入り口には常に気を配る
- ☑　お客様が来店したらすぐ駆け寄り、「いらっしゃいませ」と声をかける
- ☑　目視で人数が分かるのであれば瞬時に数え、「3名様ですね、こちらへどうぞ」等と言い、速やかに案内する

　そこにあるのは、お客様がいない段階から張り巡らされている「先手の意識」であり、さらにその根底は<mark>ホスピタリティ（おもてなし）</mark>の心で満たされています。一言で言えば相手への「愛」であり、思いやりですね。<mark>先手とは要するに、「愛」なのです。</mark>

　相手を思う気持ちが強ければ、それだけ相手が何を望んでいるか、どうされたら嬉しいかを察知することができ、先回りして動くことができますね。

　そこは介護でも飲食業でも、製造業でも変わりません。むしろ、介護福祉のサービスこそ、はっきり要望を告げられない利用者が相手となることが多いので、先手の心は重要と言えるでしょう。

　常に「もし自分が利用者・家族の立場だったらどうしてほしいか」

を職員間で相互に問いかける文化があれば、その現場のホスピタリティは自然と磨かれていくことでしょう。

　現実に、相手のために文字通り何でもしてあげることは物理的に不可能です。しかしそのような「思い」を持つことはできますし、それは相手にも必ず伝わります。常に現状をわずかでも良くできないかを考え、実践し続けることが大切です。

　さて、次の図を見てください。これは「アリ地獄」のイラストを中心とした「悪循環」のイメージです。数多くの介護事故・トラブルを見てきた私の印象になりますが、実に９割の事業所がこの悪循環に陥っています。

　まず現場で事故やトラブルが起きます。その次の瞬間、どうするか。ここで勝負は既についています。普段から先手を心掛けているところは即座に謝罪し、自分から日付を決めて利用者家族に提案し、説明から、場合によっては賠償までの流れに導いていきます。９割の事

図－7　不幸のスパイラル

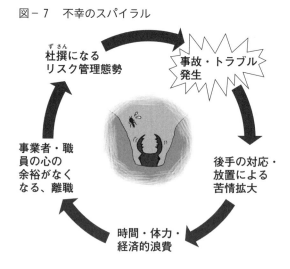

杜撰（ずさん）になる
リスク管理態勢

事故・トラブル
発生

後手の対応・
放置による
苦情拡大

時間・体力・
経済的浪費

事業者・職
員の心の
余裕がなく
なる、離職

業所はその真逆を行っており、対応が「後手」なのです。

●裁判例から考える－後手対応が引き起こした2,400万円の賠償金－

　ここで1件、古い裁判例になりますが、介護事故裁判（平成25年12月19日／前橋地裁判決／平成24年（ワ）第264号）の判決文から、いわゆる事故後の対応に関する原告（利用者家族）の主張部分を紹介します。

　この事故は、ショートステイの利用者がベッドから転落し、ケガを負ったというものです。家族は「施設側にベッドを用いないよう依頼していたにも関わらず、勝手にベッド対応とされた」と主張し運営法人を訴え、結果2,442万円もの支払い命令が下されました。

> （判決文より）
> 「原告らは、本件事故発生日は、被告から説明らしい説明は一切受けていない。その後数日経っても被告から連絡がないため、原告らが電話連絡をして、ようやく面談が実現したが、8月6日の面談では、原告らが本件事故原因や状況を尋ねるとともに、無断でベッド対応に変更したことには到底納得ができないことを伝え、これに対し施設長であるD医師が謝罪を繰り返した。」

　もし皆さんが家族の立場だったら、この施設の対応をどう感じるでしょうか？　下線部分がポイントですが、事故後被告（施設）からは何の連絡もなく、原告（家族）は放置されていました。原告（家族）がリードして説明の場を設け、家族の方から質問してようやく施設側が答えるという事態になったことが、さらに家族の怒りを増幅させたわけです。

　これはあくまで原告側の主張であり、真実がどうであったかは分かりません。ですが私は、まさにこういった事故後の対応のまずさ（一言で言うと「後手」）こそが、家族側の怒りの源になっていることを

相談を受けるたびに痛感しています。

　ところが、こうした事後対応については、実は裁判所では正面から検討されないのです。いわゆる介護事故裁判で賠償責任の有無が判断されるのは、利用者の身体・生命が侵害された事故そのものであり、その前後の事象は切り離されます。日本の裁判所は控え目なところがあり、ちょっとやそっとでは慰謝料等の賠償責任を認めず、認める場合があるとしても微々たる額であるという傾向があります。

　裁判所からすれば、「事故後に施設側から連絡や説明がなかったからといって、それ自体が賠償相当とは評価できない。そんなことよりケガをした原因である転倒事故について施設に過失がなかったかが真に究明すべきテーマだ」ということになるのです。

　ところが、家族の立場からすれば、その事後対応こそが問題なのであって、もし事後対応さえしっかりしていればそもそも訴えなかったということすらあるのです。

　これこそが「裁判では介護事故・トラブルは解決しない」と言えるゆえんであり、事業所と利用者の間の溝をかえって深めてしまう根本原因なのです。

② 　先手を現場に普及させ、根付かせる方法
　先手が重要であることは分かったかと思いますが、「言うは易く、行うは難し」、「何から手を付ければいいか分からない」という人も多いことでしょう。

　典型的な方法として、マニュアルの整備が考えられます。冒頭で取り上げたカラオケの例は、「入店時の応接」という限定された場面であるため、マニュアルが効果的です。ある程度研修を積めば誰でもこの程度はすぐできるようになることでしょう。

　介護の現場でも、家族の訪問時や電話対応など定例的な場面では、

マニュアルを整備することでサービスの質を確保することができます。

　問題は、展開が予測し難く、一方で臨機応変・迅速な対応が求められる事故・トラブルの場合です。利用者が転倒・骨折したときなど、「先手」はむしろこのようなイレギュラーな場面で特に必要となるのですが、だからこそ難しいという、根源的な問題を含んでいるのです。

　そこで、いわゆる「**非常時の対応マニュアル**」を整備されると良いでしょう。

　これはサービス業や製造業等でも工夫して作られているもので、介護の業界でも可能です。最初は大雑把なもので構いません。現場の経験を踏まえて、徐々に改善していけば良いのです。

　まずは最も厄介かつ高度なレベルが要求される「事故後の初期対応」から先手の手順を構築していくと良いでしょう。それについてはP.83で後述します。

（2）受容と共鳴

①　相手の気持ちを考えることが大事

　「3つのルール」のうち、2つ目についてです。先手を前提とした上で、では何をするかというと、それが「受容と共鳴」になります。一言で「**情**」と言い換えられます。

　これは、利用者（家族）の事故・トラブルに遭遇したことによる怒り・悲しみ・不安・後悔等の感情を、ありのまま受け止め、共感の意思を示すということです。

　例えば介護施設で、認知症の利用者が「誰それに物を盗られた」等

と訴えてきたとして、「介護のプロ」であるワーカー（介護者）はどう対応するでしょうか。介護者は、その利用者の言葉を真に受け犯人捜しをするのではなく、かといって相手を「どうせ認知症だから」とあなどったり、あるいは「何をバカなことを言っているの」と非難することもないでしょう。

　まず「物を盗られた」と言う当人の「心に寄り添おう」としますよね。想像力を働かせて相手の立場になり、同じ目線で出発し、最終的な解決、つまり心の平穏を目指していきます。
　「それは大変ですね。いつどこでなくなったのか、覚えていますか？一緒に探しましょう」このような言葉をかけ、同じ方向を向いて隣に立つことで、認知症の利用者は安心します。

　釈迦に説法かもしれませんが、ここであえて言いますと、認知症の人（これは、障害者でも子どもであっても皆共通することです）が必要としているものは、精神安定剤等の薬ではなく、健常者から見た「常識」の枠に矯正されることでもなく、この「他者からの受容と共鳴（承認）」なのです。
　それは人間同士にしかできない、こころを通わせるという極めて高度なヒューマニズム精神の発露であると言えるでしょう。

　介護事故の場合も、実は全く同じなのです。相手が利用者から家族になるだけで、こちらが取るべき姿勢は全く変わりません。
　利用者の「家族」が施設に対して求めていることは、結局は「受容と共鳴」、すなわち、自分達のパニックからくる一時の怒りの感情をありのままに受け容れ、かつ大切な家族が突然骨折するというトラブルに見舞われた自分達の心情を想像し、辛さを共有することなのです。

「そこまで感情的な話ではないのではないか」と疑う人もいるかもしれません。しかし、そうであることは自分が謝罪を受ける場面を想像すれば分かるでしょう。

傷つけられた側にとって最も重要なことは、うまい謝罪の言葉や賠償金ではなく、「自分の気持ちを分かってくれているか」に尽きるのです。またカラオケの例ですが、お店の個室に入ったけれども、なかなか注文した飲み物がこない。店員を呼びつけて「どうなっているんだ！」と問いただしたとき、どんな返答があれば「許そう」という気持ちになるでしょうか。

自分の経験に照らして、あるいは想像して考えてみてください。

それは、単に「申し訳ございません」という判で押したような文句ではなく、「お待たせして、申し訳ございません」であるはずです。微細な言葉の違いですが、ここに決定的な差が生じています。

謝る側の思考過程としては、まず「お客様をお待たせしてしまった」というサービスが行き届かなかった事実を認識し、喉の渇きに耐えながらいつまでも待たされた相手の思いに同調できたからこそ、「お待たせして」という言葉が出たのです。

これがもし、そのような理由を述べない謝罪であれば、場合によっては「この人は本当に反省しているのだろうか。口先だけではないか」と疑ってしまうでしょう。実際に「謝っても許してくれない」という事態は、この「共鳴」の要素の不足によるものと言えます。

② マニュアルはあくまで指針

では、このように「受容と共鳴」が誠意の核となるとして、次にその思いを「言葉」や「態度」以外の、どのような「行動」で示せば良いでしょうか。

厳しい言い方をすれば、もし本当に相手の思いと同調できていれ

ば、「我がこと」ですから何をしてほしいかが自然と見えてくるはず
なのです。

　その思考過程を言語化したものが、P.91以下で扱う対応マニュア
ルになります。もちろん、このマニュアル通りにすれば自分の頭で考
えなくとも良い、というものではありません。

　マニュアルはあくまで考え方の指針に過ぎず、世界で唯一の目の前
のケースに対応すべく、自身で想像力を働かせ、どのような言葉をか
けるべきかを常に考えることが大切です。

（3）公平・公正

①　結論は貫き通す

　3つのルールのうち、最後の項目です。これは、自分たちが「正し
い」（あるいは「妥当である」）と信じる結論と筋道を「貫く」という
姿勢です。先ほどの「受容と共鳴」とは対照的な概念です。

　事故・トラブルについて、施設側で法的観点から検討し「過失はな
い」と結論を出したのであれば、たとえ相手に不利なことであっても
勇気をもって最終回答として告げなければならない（一言で表すと
「理」）のです。

　実務上は、事故・トラブルといっても大抵は施設側に非はなく、家
族側の思い込みや、場合によっては言いがかりのようなものも多いこ
とと思われます（物盗られ妄想や、明らかに施設滞在時に起きたと言
えない骨折の訴え等）。

　そのようなときでも、「受容と共鳴」が大事だからと言って相手の
望みを最大限叶えてあげようとすると、今度は他の利用者との間で不
公平な事態、または真実を曲げてお金（慰謝料等）を払ってしまうと
いう不公正な事態に陥ってしまいます。

　心を鬼にして臨む、と言うと大げさですが、この結論の妥当性は最後には守らなければなりません。

　ですから、この「受容と共鳴」と「公平・公正」のバランスをいかにうまくとっていくかということが最大のテーマとなるのです。そのため、冒頭のイラストは天秤の絵となっています。

② 「情」と「理」のバランス

　人は主観的な生き物ですから、自分ではバランスが取れていると思っても、傍から見ると「情」に流されていたり、はたまた「理」を押し付けてばかりで「情」がない、ということが往々にして起こります。天秤の絵を常にイメージしながら、利用者側への対応に臨むようにしましょう。

　もっとも、バランスが大事と言っても、まずどちらを示すかと言えば、その順番は決まっています。それは「受容と共鳴」であり、いきなり理屈から入ってはいけません。ここの順番を間違えないよう、くれぐれも気を付けましょう。

　これを格言風にまとめると、次のようになります。

「一に先手、二に情を見せ、三で理を説く」

2. 謝罪の方法

（1）原則として「謝罪」する

「現場の判断で不用意に謝ってしまって良いの？」、「責任が生じてしまうから、絶対謝ってはいけないと保険会社の人に言われた」―。

セミナーで謝罪の重要性についてお話すると、そんな疑問の声も聞こえてきます。お気持ちはごもっともですが、心配には及びません。

法律上、「謝罪すること」と「法的責任を認める」ことは別問題であり、明確に分けられます。1つ実際の裁判例を紹介しましょう（平成22年12月8日／東京地裁立川支部判決／平成21年（ワ）第2609号）。

これは、デイサービスの利用者が食事中に誤嚥（ごえん）し死亡したという事故です。後に遺族が施設を訴えたのですが、裁判で遺族は、「被告施設の施設長が、当初は責任を認めていたにも関わらず、後日法的には責任がないという態度を明らかにしたこと」を不当と主張しました。

これに対し裁判所は「施設長が謝罪の言葉を述べ、原告らには責任を認める趣旨と受け取れる発言をしていたとしても、これは、介護施設を運営する者として、結果として期待された役割を果たせず不幸な事態を招いたことに対する職業上の自責の念から出た言葉と解され、これをもって被告に本件事故につき法的な損害賠償責任があるというわけにはいかない」としてこれを退けています。

ここに言う「自責の念」こそが、現場において積極的に表明すべき意思であり、これは賠償責任とは異なる次元なのだということをしっ

かり覚えておいてください。そして、この自責の念は「**道義的謝罪**」と言い換えられます。

●謝罪の3つの段階

次の図「謝罪の類型」を見てください。

実は謝罪には3つの段階、レベルがあるのです。まずこのような構造になっていることを理解し、自分がどのレベルの謝罪をしているのかを自覚できるようにすることが必要です。

三角形の右側をみると、各レベルに相当する英単語が存在します。これらの言葉を意識的に使い分けることで、欧米人は「法的責任については留保しつつ、被害者への共鳴の意思と道義的責任を認め謝罪する」という繊細な芸当を、自然と実践できています。

一方日本語は、「ごめんなさい」、「申し訳ありません」、「反省しています」等々フレーズは数あるものの、その言葉が何を意味し、何を意味しないのか、ということはどれも曖昧であり、先に挙げた例のように、すぐ誤解を生じさせてしまうという問題があります。

図-8　謝罪の類型

しかし、私たちが日本人である以上日本語を使うことは避けられないことですから、対策としては「道義的責任」を認めるというレベルで謝っていると意識しながら、「すみません」と謝ることになります。

重要なことは、もし「法的責任も認めるのか」（＝金銭を支出するのか）と聞かれても、そのレベルまで認めてしまわないことです。その追及を想定した回答例が、次の謝罪例になります。

> 言い訳に聞こえてしまうかもしれませんが、先ほどはあくまで道義的な謝罪という意味で謝罪させて頂きました。私どもの至らなさのせいでお母様に痛い思いをさせてしまったことについては、心から申し訳なく思い、反省しております。
>
> ですが、そのような道義的な意味での結果に関する謝罪と、法的責任の所在は、あくまで別問題であると理解しております。

いざというときに口頭で表現できるよう、訓練しておくと良いでしょう。

（2）「人として」率直に謝罪する

家族側から見ると、「何があっても頑なに謝罪しない事業所」はどう映るでしょうか。

例えば、自分の大切な母親がデイサービスで転倒、頭を打ち意識不明の状態になったとしましょう。変わり果てた母親の前でデイサービスの管理者は「この度は残念でした」としか言わないのです。

こんな言葉しか出ないのでは、いくら頭では自制しようとしても、感情面で「事故について責任を感じてすらいないのか」と怒りを覚えてしまいますよね。

このように介護事故というものは、事業所・家族の両方の立場で見

え方、感じ方が全く異なるという構造的な問題があり、そのため感情面ですれ違いが生じ、家族側の怒りを生じさせやすいという危うさがあるのです。

　だからこそ事業所側としては、家族にかける言葉、特に初期対応時の言葉には「これでもか」というくらいに注意を払い、心理面でのケアを実践していく必要があるのです。

　ところが現実には、「責任を認めるような言動をして、賠償請求されたらどうしよう」という恐怖が先立ち、どうしても自分達の防衛に走ってしまいがちです。

　現場の転倒事故は物理的には防ぎきれません。だからこそこういった事故を普段から「想定内」とし、事故前後になすべきことを決め実現していこうという姿勢が重要となるのです。

　以上が総論となりますが、いかがでしたでしょうか。全体のイメージはつかめましたか？

　次は、サービス提供場面ごとに、実際の利用者へのこの公式の使い方を見ていきましょう。

第 **3** 章

実 践

次は現場で実際に
どう対策・対応すればよいのか？
具体的な話に
入っていきますよ！

1. 事故予防のポイント

（1）契約書とその説明方法

　まずは入口となる、契約書を取り交わす場面です。在宅でも入所でも、リスクマネジメントの観点から重要となる条項は「損害賠償」の規定です。

①　一体何が問題なの!?　損害賠償規定

　次の契約書の条文をご覧ください。この条文には問題点となる文言が含まれています。それはどの言葉でしょうか？

（損害賠償責任）

第〇条　事業所は、本契約に基づくサービスの実施に伴い、自己の責に帰すべき事由により契約者に生じた損害について賠償する責任を負います。第〇条に定める守秘義務に違反した場合も同様とします。

2　事業者は、前項の損害賠償責任を速やかに履行するものとします。

（損害賠償がなされない場合）

第〇条　事業所は、自己の責に帰すべき事由がない限り、損害賠償責任を負いません。とりわけ以下の各号に該当する場合には、事業所は損害賠償責任を免れます。

（1）契約者およびその家族が、契約締結に際し、その心身の状況および病歴等の重要事項について、故意にこれを告げず、または不実の告知を行ったことに起因して損害が発生した場合

（2）契約者およびその家族が、サービスの実施にあたって必要

> な事項に関する聴取・確認に対して故意にこれを告げず、または
> 不実の告知を行ったことに起因して損害が発生した場合…

…いかがでしょうか。実は決定的に問題となる文言が少なくとも2点
あります。それは、「守秘義務に違反した場合も同様」と「速やかに
履行」の2点です。

●「守秘義務に違反した場合も同様」の問題点

前者については、本来賠償せずに済むような軽微な事件でも、この
ように契約書に記載してしまうことで賠償せざるを得なくなるという
点で、非常に危険です。

「守秘義務に違反する」とは、例えば「ケアマネジャーがある利用
者のケアプランを間違えて別事業所にFAXしてしまう」ということ
が考えられますね。しかしそのような手違いで、お金を賠償として利
用者側に払うようなことは通常しないでしょう。

もし裁判になったとしても、相当うっかりして重要なプライバシー
情報を漏えいさせてしまったといった特異な事案でない限り、賠償責
任が課せられることは滅多にないものと言えます。

ところが契約書の恐ろしいところは、「賠償します」と宣言してし
まった以上、実際に該当事件が起きれば契約上賠償しなければならな
くなる、という絶対的な拘束力が生じる点なのです。この力は目に見
えず、事故が起きて初めて問題となります。だから怖いのです。普段
は気にも留めず他の条項と同じく流してしまいがちですが、だからこ
そ注意を払う必要があると言えます。

その意味ではこの規定は、いわば自分で自分の首を絞めているのと
変わりません。世間に出回っている契約書の雛形がこうなっているた
めに、そのまま真似てしまったところが多いとみえ、私の印象では全

事業所の４割程度がこのような定め方になっていると思います。

●「速やかに履行」の何がいけないの？

　次に後者の「速やかに履行」ですが、人権擁護の理念としては確かにそうあるべきかもしれず、各種運営基準にも「速やかに賠償せよ」と定められています。

　しかし「速やかに」という言葉はあくまで主観的な言葉であり、具体的に何日、あるいは何か月以内に履行すれば「速やか」と言えるかは立場によって全く異なります。

　ケガをして長期入院となった利用者側からすれば一刻も早く賠償してほしいところですが、事業所としてはまず損害保険が下りるか調査が必要となるため、おいそれと入院費等を支払う訳にもいかず、結論を出すまで、１、２か月はどうしてもかかってしまうものなのです。

　このように元々認識のギャップが大きく悩ましい問題について、わざわざ自分達の事業所に不利に働くような文言を入れる必要はないのです。このような主観的な表現は、やぶ蛇になるだけと認識しましょう。

　冒頭で掲げた賠償の規定に戻ります。次条の「損害賠償がなされない場合」の規定は、実は無駄であり全部削って構いません。皆さんは意外に思ったり、あるいは賠償せずに済む規定がないと不安に思うかもしれませんが、落ち着いて各号をよく見てみてください。

　例えば（１）の「…心身の状況および病歴等の重要事項について、故意にこれを告げず、または不実の告知を行」うようなことが、現実にどれだけ起こり得るでしょうか？　高血圧やうつ病、脳梗塞の既往など、心身のリスクは全て利用前に話し、あるいは担当のケアマネ

ジャーから情報を得る仕組みになっていますね。

　仮に本当に、家族がわざとそうしたリスクを隠し、そのせいで「損害が発生」したとしても、それは結局事業所側に「過失がない」という理由で免責されるので、あえてこのように条項に落とし込む必要はないのです。

　それ以下の条項も同様です。結論として賠償規定は、「シンプル・イズ・ベスト」であると言えるのです。

　では以下に、私が理想と考える賠償規定を示します。

● 賠償規定はこう直せ

（損害賠償責任）
第○条　事業所は、本契約に基づくサービスの実施に伴い、自己の責に帰すべき事由により利用者に生じた損害について賠償する責任を負います。
2　事業所は、民間企業の提供する損害賠償責任保険に加入しています。前項規定の賠償に相当する可能性がある場合は、利用者又はご家族の方に当該保険の調査等の手続にご協力頂く場合があります。

　第1項は、最初に見たものとほとんど同じですね。このように本体となる規定で特別な工夫をする必要はありません。いざ事故が起きれば、全てはケースバイケースで個別に責任の有無が判定されるからです。

　ポイントは、第2項の損害保険の調査に関する規定です。これは必ずしもこのように定めなければ有効とならないといった意味ではなく、あくまで利用者側への事前アナウンスの位置付けです。前章で紹介した一番大切なトラブル対応のポイントを覚えていますか？

そう、「先手」でしたね。

この先手の発想はあらゆる場面で生かすことができ、賠償規定も同様なのです。第2項のように、事故が起きてしまう前に「うちでは事故が起きた場合このように対応していきます。そのときはご協力ください」と先回りして説明しておくのです。事故が起きる前であれば利用者側も、快く承諾してくれるでしょう。

なお、損害保険会社の調査とは、例えば転倒事故で搬送された先の病院に対し、利用者のケガを負った部位のレントゲン写真やカルテ、診断書等の提出を求めることが典型的です。これらは個人情報になりますので、家族に次のような合意書面にサインしてもらう必要があるのです（図－9参照）。

こういった面倒な手続きを、いざ事故が起き「加害者と被害者」の関係になってから依頼しても、「保険なんて、施設の都合だろう。契約書には速やかに賠償すると書いてあるじゃないか。とにかく今月からの入院費の請求は、おたくに回してもらうから」というふうに反発されてしまうのがオチです。

それだけ、先手＝契約書の見直しは重要です。まずは一番揉めやすく、かつ揉めごとになったら困る賠償規定を改善させると良いでしょう。

② 賠償規定の説明方法

しかしながら、どれほど条項を工夫しようと、実際にその内容と意味が正確に相手に伝わり理解されなければ意味がありません。

皆さんも後になって、訪問介護やデイデービスのキャンセル料の仕組み等について「聞いてなかった」、「知らされていなかった」等と利用者側からクレームを受けた経験があるかもしれません。

契約書の「口頭での説明」というものは、本当はそれだけ重要なのです。しかし現場ではどうでしょうか。おそらくあまり意識されてい

図－9 医療情報の開示に関する家族の同意書

同 意 書

┌─────────────┐
　 年 月 日
└─────────────┘

医療機関名：　　　　　　　　　御中
主 治 医　　様

　私は、貴方様が　　　　　　　株式会社またはその指名する者に対して、
　　　年　月　日発生の事故において以下に記載する傷病者の被った損害の額
または保険金の適正な算定等のために、以下に記載する事項を行うことについて同意します。

①傷病に関する診断書・診療報酬明細書・その他の証明書を提供すること。
②傷病の原因・症状・既往症・治療内容等について説明すること。
③傷病・既往症に関する診療記録・検査資料を貸し出すこと、または写しを
　提供すること。

　　　　　　　　　　　　　宛

　私は貴社または貴社が指名する者が、上記医療機関に対し以下に記載する
傷病者の傷病に関する照会を行うにあたって、私の個人情報を提供すること
について同意します。

住　所	
傷病者氏名	
生年月日	（明治・大正・昭和・平成）　　年　　　月　　　日

傷病者との関係	□ 親権者		
	□ その他	関 係	

○ 太枠線内には、傷病者ご本人のご署名をお願いします。

※傷病者が未成年の場合は、太枠線内傷病者氏名欄は記名のみ（捺印は不要）とし、
　親権者欄に「レ」点を記し、親権者のご署名・ご捺印をお願いいたします。
※傷病者ご本人が、事情によりご本人にて記載できないため関係者が記載される場
　合は、太枠線内傷病者氏名欄は記名のみ（捺印は不要）とし、その他欄に「レ」
　点を記し、関係者のご署名・ご捺印をお願いいたします。

ないか、重要事項説明書（以下、「重説」と略します）との違いが分かっておらず、全ての条項を棒読みということも多いのではないかと思います。

　契約書の説明はメリハリが大切です。では具体的に、先の賠償規定を、例えば施設の相談員が入居者家族に説明する際、どんな伝え方をすると良いかを紹介しましょう。皆さんも自分だったらどんな説明をするか、考えてみてください。

（損害賠償責任）

第○条　事業所は、本契約に基づくサービスの実施に伴い、自己の責に帰すべき事由により契約者に生じた損害について賠償する責任を負います。

2　事業所は、民間企業の提供する損害賠償責任保険に加入しています。前項規定の賠償に相当する可能性がある場合は、契約者又はご家族の方に当該保険の調査等の手続にご協力頂く場合があります。

　上記賠償規定の説明例は次の通りです。

　「第1項の「サービスの実施に伴い」生じた損害とは、例えば、**もちろんあってはならないことですが**、ご利用者様が歩行中に転倒されたり、夜間にベッドから落ちたり、食べ物をのどに詰まらせるという事故が考えられます。

　こうした事故の原因は、スタッフが一瞬目を離したり、見ていない間に居室で、ということが多いのですが、私どもの施設では特にご利用者様の見守りや、ご家族との連携に力を入れておりまして、おかげさまで今まで大きな事故が起きたことは、一度もありません。

　ですが当施設では、よそでも皆さんそうしておられるようですが、**ご利用者様のご意向・自由や尊厳・プライバシーを最大限に尊重するという方針**を取らせて頂いております。また、できるだけ日常生活の中でリハビリを実践し体力を維持・回復して頂きたいため、歩行困難でもあえて歩いて頂くこともございます。

　事故を完全に防ぐには、極端な話、ご利用者様をずっとベッドに縛り付けておけばよいということにもなりそうですが、そのようなことはしない、ということです。ところがご自宅におられるのと同じ要領で生活して頂きますと、やはり**マンツーマンで職員が張り付くことができない**以上、当然、スタッフの目が行き届かないという状況も生まれてきます。

　どうしても手の届かない所で、不意にバランスを崩して転倒されるということも考えられるわけです。あるいは、ちょっとした衝撃でケガをされてしまい、いつどのようにしておケガをされたのかが分からない場合も考えられます。

　端的に言いますと、施設で事故が起きても、客観的にみて「自己の責に帰すべき」とは評価されない場合も、実際にはございます。つまり、**事故であればどんな場合でも直ちに賠償責任が発生するとは限らないということです**。

　第2項にありますように、当法人は民間の賠償保険に加入しており、もし骨折等の大きな事故が起きれば、その責任の調査はまず損害保険会社が致します。その際、例えば入院先の医療記録等が必要となることもあるため、その開示に必要な同意書等をご家族様にお書き頂くこともあるのですが、予めご了承頂けますでしょうか。

　そういった事情をご理解頂きたく、その上でご利用者様の安全を守るために最大限気をつけて実施して参りますので、ご理解・

ご協力頂ければと思います。

　私どもは介護のプロではありますが、○○様のことを一番ご存知の方、○○様のプロはご家族しかおられません。ぜひ、○○様のことをこれからも教えて頂ければと思います。

　今までのご説明の中で、ご不明な点はございますか？　先ほど○○様に関するリスク分析をご説明しましたが、何かご不明点等はありますでしょうか。」

いかがでしょうか。特に重要な箇所は目立たせています。

「ここまで毎回、懇切丁寧に説明する必要があるの？」と驚いた人もいるかもしれません。ですが繰り返しになりますが、いざ事故が起きてから理解を求めても時すでに遅し、なのです。

最初から事故が起こったときのことを見越して、事故となった場合をイメージしつつ、できる限りの手を打っておくことが重要となってくるのです。

　説明方法のポイントは次の３点です。

ア）「防衛」ではなく、「相手のため」の意識で臨むべし

これは契約だけでなくあらゆる場面で必要な姿勢となりますが、特に事故が起きた後では、家族としては「ちゃんと見てくれていなかったのではないか」と疑心暗鬼になり、事業所がいかに誠意を尽くしたつもりでも曲解されてしまうものです。悲しいことですが、だからこそむしろ事業所側としては、関係の入口である契約段階から「常に全力で、利用者の安心・安全を考え配慮しています」という思いや姿勢を伝える必要があるのです。

この賠償規定も、下手をすれば「賠償しない場合もありますから、期待しないでください」といった突き放すような印象を与えるおそれ

もありますので、そこをいかに上手に伝えていくかがポイントです。それは説明者の表情や声質、そして家族とコミュニケーションを取り、相手を最大限理解しようという姿勢にかかっていると言えるでしょう。

イ）具体的にイメージしてもらう

　介護現場を知らない家族は、「介護のプロなのに、なぜ転倒させてしまうのか」と疑問に思うこともあるかもしれません。「常識」は人によって違うので、こちらの状況を全て理解し共有してもらえると思い込まないことが大切です。特に現場での転倒事故は悩ましいものですので、「決して手を抜いて転ばせている訳ではなく、利用者の自由を尊重した結果として不可抗力で事故が起きてしまうこともあるのだ」ということを、一から噛んで含めるように説明することが肝心です。説明例を参考に、「自分達事業所側も悩んでいます」というメッセージを発するようにしましょう。

ウ）「説明」ではなく、あくまで「対話」の場という意識を

　タイトルは「賠償規定の説明方法」としていますが、文字通り一方通行の「説明」で終始してはいけません。事業所側としては何百件と繰り返してきたルーティンワークなので、つい通り一遍の情報提供になりがちですが、そうではなく毎回新鮮な気持ちで、オンリーワンの利用者・家族と向き合っているのだという意識で臨む姿勢が大事です。

　具体的には、説明例の最終行「ぜひ、○○様のことをこれからも教えて頂ければと思います。今までのご説明の中で、ご不明な点はございますか？　先ほど○○様に関するリスク分析をご説明しましたが、何かご不明点等はありますでしょうか。」という部分を取り入れて頂きたいと思います。

ここが、こちらからの一方的な話だけで終わるか、相手からの反応を受けて対話のキャッチボールが始まるかの分かれ目です。「リスク分析はアセスメントの段階で終わっている」と思う人もいるかもしれません。ですがそれはあくまで手続き上そうなっているという話であって、実際には聞き取り不足や、家族側で聞きそびれたといったこともあるものです。契約書にサインするということは、その瞬間からお互いに書かれている内容につき権利と義務を負うことに他なりませんから、この重要な節目に最終確認をしておくくらいがちょうど良いと言えます。

　少しでも認識に齟齬があれば、いざ事故になったとき「ちゃんとこちらの心配事を聞いてくれなかった」と言われてしまいます。例えば、緑内障を患っている人が特別養護老人ホームに入所し、転倒事故を起こしました。その原因は目薬を差した後歩こうとして転んだのですが、施設職員が点眼直後にその利用者を一人で放置してしまった隙に事故が起きてしまったのです。

　家族は「自宅では医師の指示通り、まず横に寝かせて点眼し、その後10分程度完全に見えなくなるのでじっと座らせていたのに、施設ではなぜその通りしなかったのか」と施設を問い詰めました。こういった日常の処置についても、家族には今までやってきた家族なりのベストの方法というものがあるはずです。全てを完璧に把握することは不可能ですが、少しでもそういったリスクに繋がる可能性のある事柄を契約前に話してもらい、利用者について理解を深めようとすることがリスク回避にも繋がるのです。

（2）通常サービス提供時の注意点

　事故・トラブル対応の根本原則を押さえ、入り口となる契約書の規定を整備したら、いよいよ実際のサービス提供の段階に入ります。入居型、在宅型共通の注意点をお伝えします。

① キーワードは「コミュニケーション」

　通常サービス時に最も大切なことは、「家族とコミュニケーションを取ること」です。乱暴に言えば、日頃から密な連携、顔が見えるコミュニケーションが取れていれば、事故が起きても大事にはならないものなのです。

　おそらく皆さんも経験があるかと思いますが、毎日顔を合わせている人とは自然と信頼関係が形成されますが、施設であれば預けたら最後、1 年も 2 年も顔を見せない家族もいます。

　お互いのことを良く分かっていれば、事業所としても「この家族には素直に謝罪しても、感情的になったり責任追及されることはないだろう」と安心して謝罪できますし、一方で家族側も「普段から何かと面倒をみてくれているのだから、手抜きや不注意で転ばせたのではないだろう」と好意的に見てくれます。

　この差は大きいですね。かと言って、全ての家族と理想的なコミュニケーションを取ることは不可能ですし、現実にはむしろ、預けっぱなしで連絡も取れない人の方が多いかもしれません。では、現場でコミュニケーションを改善させるために何ができるか、それを考えてみましょう。

② 家族との連携強化のため何ができるか

　この項では、主に施設型の事業形態を念頭におき説明します。在宅型であれば通常家族と住んでいる住居に行くことになるため、コミュニケーションの問題はそれほど深刻ではないためです。

　では、まず施設において、日常生活ではどんな工夫ができるでしょうか。「先手」の発想で考えてみてください。

いかがでしょうか？　思い当たりましたか？…先手と言えばそう、「契約段階」が出発点ですね！

何事も最初が肝心。「預けたら最後、二度と顔を見せない家族も多い」と嘆く前に、いかに家族を施設に来させるか、巻き込んでいくかが工夫のしどころです。

例えば、「当施設では、ご家族との平時のコミュニケーションを大切にしています。年2回、納涼祭とクリスマスに大きなイベントをしますが、そのときは必ずご家族にご参観頂くこととしています。どうしても来られない方でも、最低年2回は必ず、ご利用者様の普段の様子を見に来て頂きます。これを守って頂けそうでしょうか？」といった働きかけなどが考えられます。

もちろん、「地理的な要因でどうしても足繁く通うことはできない」という家族もいるかと思いますが、経営の観点からは、そういった事情も含めて「どんな利用者、家族に利用して頂きたいか」、言い換えれば「理想の利用者・家族像」をはっきり定めておく必要があると言えるでしょう。

例えば地方の山奥にある施設であれば、自宅と施設との物理的距離を、Web会議システムやコミュニケーション・アプリ等のIT技術で埋めるのです。最近はSNSなどクローズドなコミュニティを気軽に構築できるシステムも多数開発されているので、検討の上、IT化を一気に推し進めても良いでしょう。

ICTやロボット等最先端の技術には助成金も付き、何かと取りざたされますが、こういった家族とのコミュニケーションというテーマでのIT活用は案外盲点であり、遅れている施設が多い印象です。「うちは毎月、必ずインターネット電話サービスで利用者に関する15分会議を開催します」等、定期的に家族とコンタクトを取る「マイルール」を積極的に導入すると良いでしょう。

③　「施設運営」の視点からも重要な家族とのコミュニケーション

　また、有料老人ホームでしばしば見られる現象ですが、ホーム内のケアマネジャーは在宅のように一人で見ることができる利用者の数に制限がないため、100人でも200人でも、一人で担当できてしまいます。そうなると個別のケアプラン作成が杜撰になり、体裁を一通り整えるだけで精一杯で、中身はなきに等しい…ということもあります。ひどいところは、なんとサービス計画書の家族のサイン欄まで勝手に埋めてしまい、完全に家族排除で進めてしまっていたケースも実際に目にしました。これは私文書偽造・同行使という立派な犯罪であり、介護保険制度上も当然違法、給付返還対象となります。

　家族との定期的なコンタクトがなくなっていくと、このように誰も見ていない分どんどん内部統制やシステム運営はいい加減なものとなってしまい、コンプライアンス上も破綻してしまう危険性が増していくでしょう。

　常に外部の目、特に家族という本来最も施設運営に関心の高い人の厳しい目を意識して、ガラス張りの施設運営を目指したいものです。

　事故後のことだけでなく、健全な施設運営のためにも、家族とのコミュニケーションは非常に大切であると言えます。

④　最低限押さえておきたい記録の注意点

　通常サービス提供時に最も注意すべき点は、介護日誌をはじめとする日々の「記録」です。

　前項で述べた家族とのコミュニケーションアップの方法は、どちらかというと「攻め」のリスクマネジメントであり、どの事業所もすぐ真似できるようなものではありません。しかしこの記録については、介護保険制度に基づき皆が最低限実施すべきものであるため、やるべきこと、ポイントは決まっています。

次のステップでは、実際に事故が起きたことを想定し、事故時の記録について触れますが、利用者の事故や急変等の緊急事態を「非日常」とするなら、平時の利用者の生活を記しておくことは「日常」の記録となります。記録については、この２つの軸に大別されることをまず理解し、それぞれの注意点を押さえると良いでしょう。

　では実際に、「日常の記録」はどのように付けていけば良いでしょうか。
　ありがちな現場の悩みとして、「毎日同じことの繰り返しで特に書くことがない」「何を書けば良いか分からない。日記になってしまう」といったことが挙げられますが、そもそもどのような観点から介護日誌を付けていけば良いか分からないという人が意外にも多いようです。まずは根本となる「記録の意義・目的」を押さえましょう。

　記録の意義、目的とは何でしょう。何のために日々記録を付けるのでしょう。
　「介護保険制度上義務とされているから」では表面的な理解でしかありません。義務か否かとは関係なく、記録というものの実質的な意味を考えてみてください。皆さんは明確に説明できますか？
　絶対の正解はありませんが、私の考える日常の記録の意義は次の２つです。
　考えてみれば当たり前ですが、事業所の存在意義は、i 利用者の生命・身体の安全を守り、かつ ii 元気になってもらう（ADL、QOL の向上）ためにあります。もちろん終末期であれば「穏やかな死を迎えて頂く」等バリエーションはありますが、基本的にはこの２つです。
　それを i 守りと ii 攻めと表現したのですが、この２つの異なる目的を実現するために、両方の視点から普段の利用者の様子を観察するのです。

図-10　日常の記録のW視点

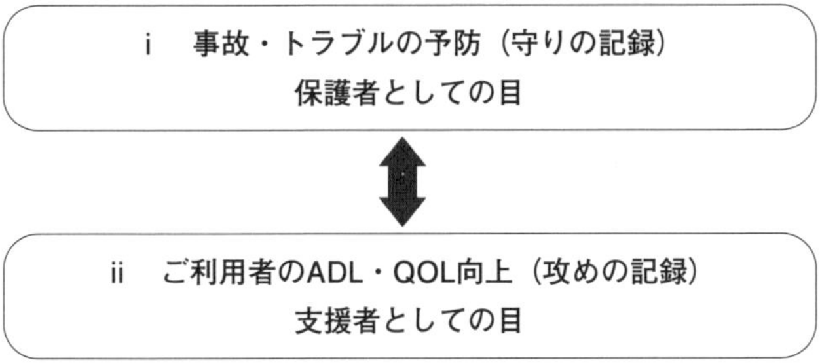

> i　事故・トラブルの予防（守りの記録）
> 　　保護者としての目

> ii　ご利用者のADL・QOL向上（攻めの記録）
> 　　支援者としての目

　そして、その観察した内容や対応結果を「組織内で情報として共有する」、あるいは「家族に報告し、相談する際の根拠資料とする」ために文章で残しておくのです。

　さらに付け加えると、それぞれの視点から記録をとる際に記録者が持つべき心構えがあります。それは次の通りです。

> i　守り（利用者の生命・身体の安全を守る）のときは、「心配性」になる
> ii　攻め（利用者に元気になってもらう）のときは、「好奇心」を持つ

　以下、順に説明します。

i　守りのときは、「心配性」になる

　「心配性になる」とは、「常に最悪の事態を想定して行動・記録する」ということを意味します。例を見てみましょう。

　現場で起きる事故としては、次のようなパターンが典型的です。介護日誌に次のように記録されていたとしたら、何が問題となるでしょうか。

〈Not Good な記録例〉

●午前中

　居室で尻もちをついて座り込んでいるところを発見。痛みの訴えはなく、歩行される。バイタルチェックするも異常なし。様子見とする。

↓

●お昼

　食欲なく、３割摂取。ぼーっとされており、問いかけにも反応なし。

↓

●午後

　発熱、振戦（ふるえ）見られる。血中酸素濃度低下。「足が痛い」と言うのでボディチェックしたところ右足の付け根部分を痛がるため、救急搬送。

↓

搬送先病院で右大腿骨頸部骨折が判明。

　上記記録を見た家族としては、こう思うことでしょう。

　「なぜ最初の発見段階で骨折を疑わなかったのか。何時間もケガをしたまま放置されて、母（利用者）はさぞ痛かったことだろう。漫然と大丈夫と判断した結果、骨折もよりひどくなったのではないか」

　法的にも、このようにケガの発見が遅れることは損害賠償相当であると評価される可能性があり、実際にデイサービスの送り時に転倒させ、別施設に宿泊し翌朝骨折が判明したケースで、直ちに医療搬送しなかった過失につき20万円の慰謝料が命じられた裁判例もあります（平成25年５月20日／東京地裁判決／平成23年（ワ）第33164号）。

　現場の心情としては、決して搬送を怠けていたということはないものと思いますが、このようにバイタルが安定していることや、歩行す

る様子を見て「問題なし」と軽々に判断してしまう現場職員が意外に
も多いようです。そもそも認知症の利用者は、痛みを正確に感じた
り、訴えることができないことが多いのですが、その点を誤解してい
る人もいるかもしれません。

　逆に、最初に発見した職員が「心配性」であれば、事態はどうなっ
ていたでしょうか。「もしかしたら骨折しているかもしれない」と思
い、その場で看護師を呼び入念な確認をしていたことでしょう。それ
でもなお異常が認められなければ、その通り報告すれば家族側も「発
見が遅れたのは仕方なかった」と納得してもらいやすくなります。
　そのためにも、実際にバイタル測定やボディチェック等をしたので
あれば、具体的に何をしたのかを入念に記録していくことが重要で
す。次のような書き方が考えられます。

〈Good な記録例〉
　午前10時15分頃、ドスンと音がしたので居室に向かうと、ベッ
ド脇でご利用者が尻もちをついて座り込んでいるところを発見。
　「大丈夫ですか」と声掛けしたところ、「トイレに行こうとして
転んでしまった」と答えられる。
　「お尻を打ちましたか。痛いところはないですか」と問いかけ
ると、「大丈夫。どこも痛くない」と言われ、ご自分で立ち上が
ろうとされたので介助しベッドに腰掛けて頂く。
　表情を観察したが顔をしかめる等の異変は見られず、顔色も通
常。汗もかかれていない。
　上半身から下肢まで着衣の上から両手で触れ、痛みがないかお
尋ねするも、「どこも痛くない」と繰り返される。
　念のため看護師を呼びA看護師と共にズボンを脱がせ体表も目
視確認したが、股関節をはじめ下肢部分には内出血や痣、変形等

は認められなかった。

　一旦様子見とするが、骨折の疑いもあることから午後のクリニック受診を予約した。

　居室で座り込んでおられ、転倒した可能性があることはご家族にも報告する必要がある。

　いかがでしょうか。ここまで詳細に書いてあれば、「発見者の職員は本当に親身になって心配してくれていた」ということが伝わってくるものと思います。**大切なことは「メリハリ」**であり、利用者の安全を守るという「守り」の観点からは「心配性」になってそのときにできる限りの手を尽くし、そのことを他のスタッフや、ひいては家族に報告・共有するために詳細に記録するのです。

　このような個別の現場の対応や記録の他にも、例えば「認知症の方が転倒した場合のチェックポイント」をあらかじめ整理し現場に周知徹底するなどして、先手で骨折等の異常の早期発見のシステムを構築することも効果的です。

ⅱ　攻めのときは、「好奇心」を持つ

　「好奇心を持つ」とは、「本来の目的＝ADL、QOLの向上のために何かできることはないか」という思いを実現するために「より深く利用者のことを理解し、その上で今より元気になってもらえる効果的な方法がないか模索しよう」という姿勢で一人ひとりの利用者に向き合うことを意味します。

　きざな言い方をすれば、利用者に「愛」を持って接するとも言えるでしょう。例えば次のような記録から、あなたは「愛」を感じ取ることができるでしょうか？

〈Not Good な記録例〉
（住宅型有料老人ホームに訪問介護が入ったときの記録）
居室を訪問、着替え、掃除を実施。椅子に腰かけてテレビを観て
おられましたが会話が弾みました。

これは非常にもったいない記録です。「会話が弾んだ」という他愛
ないエピソードかもしれませんが、そこをさらに掘り下げる好奇心、
愛情を持って一工夫することでQOL向上への思わぬ手がかりになる
こともあります。普段社交的でない利用者や、あるいは入居直後で打
ち解けていないといった事情があればなおさら、楽しい会話ができた
ということは大切な変化であり良いきざしなのです。

その利用者に関心がある人からすれば、「どんな会話をしたの？
この利用者は何が楽しみなの？」という「知りたいという思い」が湧
いてくることでしょう。

施設内であれば簡単に口頭で伝達共有できますが、家族をはじめ外
部の関係者にも広く伝えたい、プラスの出来事です。

かといって、実際に交わした言葉をそのまま記録することはできま
せん。そこで意識としては「このご利用者が楽しいと感じることを周
囲にも教えてあげよう。そしてもっと楽しさや喜びを感じてもらえる
ような工夫をしていこう」という思いを込めて記録していくことがポ
イントです。先のケースは、次のように少し書き足すだけで内容がよ
く伝わり、大きなヒントとなることでしょう。

〈Good な記録例〉
釣りの番組をご覧になっていたので「釣りはお好きですか」とお
声がけしたところ、ずっと海釣りをなさっていたとのことで盛り
上がりました。引き出しから、昔釣った大物の魚拓を取り出し見
せてくださいました。大きな魚でびっくりしました。

これで、この利用者は「釣り」が趣味であり生きがいであることが分かりました。以後は介護チームでこのキーワードを共有し、ケアプラン等に生かしていくことができます。

　例えば、もし「リハビリを億劫がり、取り組んでもらえない」という課題があるとしたら、「リハビリを頑張って、歩けるようになったらまた釣りに行きましょう！」といった非常に魅力的な目標（ゴール）を設定することができますね。あるいは釣り竿を構える動作等をリハビリに取り入れてもおもしろいかもしれません。人間、好きなことはいくらでも頑張れますから、成果も早く表れることでしょう。

　日常の記録を付ける際のポイントは他にもありますが、以下特に重要な点を列挙します。

☑　家族や第三者に開示する可能性がある、公的な記録であると意識できているか

　介護日誌をはじめとする利用者に関する記録は、身元引受人である家族から求めがあれば、当然全て開示しなければなりません。これは利用契約に付随する説明義務に基づくものであり、利用契約書には大抵記録の開示について規定がありますが、もし規定がなかったとしても、だからといって「開示しなくて良い」ということにはならないのです。

　まれに、身元引受人から開示請求がなされたにも関わらず、「個人情報なので開示できない」という理由で拒む事業所がありますが、これは法の解釈運用を間違えた明白な誤りです。親族でも遠い親戚など、開示がためらわれるもっともな理由があれば別ですが、利用者本人と同視しうる立場の家族からの請求を拒むことは原則としてできません。

　そして問題は、いざ家族に記録が開示されたときに、その人達の心情を傷つけるような書き方となっていないかという点です。例えば、

認知症で不穏な行動や暴力行為などを繰り返してしまう利用者がいたとして、不用意に「問題行動」等と記してはいけません。それは利用者本位ではなく、利用者を「管理」する立場で施設の目からみて「問題児」であると見なしていることになります。一歩間違えれば虐待の疑いありとされかねません。

　あるいは家族からクレームを受けたときなど「またご立腹」等と嫌味混じりに書いてしまっているかもしれません。そのような記録を見られたら、それこそご立腹されてしまいますね。常に「家族・関係者に見られている」意識を持って記載していくくらいがちょうど良いと言えます。

☑　利用者ごとに日誌、ファイルを分けているか

　施設での記録で、利用者名を一覧表のようにずらっと並べ、ユニットごとに一枚の紙にまとめて記録している例が散見されます。記録の取り方については細かく法令で定められているものではないため、必ずしもこうしたやり方が違法とまでは言えません。ですがこれでは、個々の利用者の観察結果が十分残されず、極めて粗雑なものとなりかねません。面倒でも、利用者ごとに個別のシートを作り、ファイリングするようにしましょう。

　複数の利用者をまとめて一枚の用紙に記録していると、いざ開示を求められたときに他利用者の個人情報を全てマスキング（目隠し）しなければならなくなり、その点でも煩雑となります。

☑　記録の日時、記録者の名前が正確に記載されているか

　初歩的なことですが、記録の対象となる事実が何日の何時何分に起きたことかが、大雑把すぎて後から見返したときに分からないということがあります。最近主流となりつつあるパソコンを用いた電子記録にありがちですが、時間の区切りが、例えば13時の次は一足飛びに14

時となっているなど、間がスカスカということがあります。それでは
その1時間の間に起きたことが全て抜け落ちてしまうことになり、必
要十分なサービスを提供したとは認められません。また電子記録はコ
ピー＆ペーストが容易であるため、つい同じような記録を繰り返し記
入するなど楽をしてしまいがちなので、怠惰に流されないよう注意が
必要です。

　また施設では、複数の職員が入れ替わり記録を書いていくため、ど
こからどこまでの記録が誰の手によるものかが判然としない場合もあ
ります。記入後は必ず記入者のサインを付けることをルール化しま
しょう。

☑ 「既にした」ことなのか、「これからする」ことなのかを意識して書き分ける

　既に実施した過去の事実の報告と、これからやるべきことの備忘録
や申し送りが混同され、その記載を見た他の職員らが誤解・混乱する
ということがままあります。例えば「ご家族に報告」としか書いてい
なければ、「既に報告した」のか、「これから報告しなければならな
い」のかが判然としません。前者であれば「何時何分、電話にてご家
族の長男様に報告しました」等と、できるだけ事実を特定して記録す
るように心がけましょう。

☑ ケアプラン、サービス計画と整合したサービス提供、記録になっているか

　これは記録の付け方というより、現場のサービス実践のレベルの話
になります。

　先程、施設のケアマネジャーがサービス計画書の家族署名欄を偽造
するというトンデモケースを紹介しました。ここまで明白な違法行為
までいかずとも、施設ではケアプランやカンファレンスで決めたこと

が現場で履行されていないことが往々にして見られます。

　例えば、前立腺肥大症で頻尿の男性利用者が、退院後に老人保健施設に入所したとしましょう。その施設でのアセスメント時には「夜間トイレ付き添い」と決めたにも関わらず、夜勤者がこれを怠り、いつの間にかポータブルトイレやおむつが導入されていたとしたら…。

　これは利用契約上の立派な義務違反であり、例えば付き添いを怠った結果、その利用者について失禁が繰り返され、尿道炎や腎盂腎炎等に陥ってしまった場合、施設側は法的責任を問われかねません。

　「一度決めたことは理由がない限り、現場でその通り実行しなければならない」。当たり前のことですが、意識しなければあっという間に、現場の制約や組織の都合に流されてしまうのです。

　フロア長、施設長など上の立場の人は、常に計画通り現場でケアが実践されているか、その成果は出ているかを検証するようにしましょう。もし現場で計画通りできなければ、無理せず計画の方を見直せば良いのです。

　この一連の流れをPDCAサイクルと言いますが、重要なことは稚拙でも良いのでそれなりにこのサイクルが回せているかどうかということです。多くの事業所で、プランも形だけ、現場も漫然と同じ作業をルーティンでこなすだけという、形だけ取り繕うような状況に陥っているのではないかと思われます。

　以上が、主に施設を念頭に置いた記録の注意点でしたが、訪問系はサービス提供票等記録のスペースも限られており、なかなか詳細まで記録できないという課題があります。丁寧な事業所は、サブの記録簿として家族と連絡ノートを共有し、そこに日々のケア内容や気付きを書き込んでいるというところも多いかと思いますが、そこまで手が回らないということもあるかもしれません。

　事故・トラブルが起こりそうなケースに着目してメリハリを付けて

記録していくという意識が重要です。

　例えば「物盗られ妄想」があり、金銭トラブル等の発生が心配される利用者の場合には、その利用者向けに別途特別に記録を付けていくといった対処も可能です。その利用者宅に訪問介護に入るときだけ、何時にどんなことをしたのか、買い物代行の際いくら を預かり何を買ったか等を別シートに記載していくのです。

（3）業態別、事故・トラブルの予防ポイント

　リスクの性質や傾向を分析すると、主に①訪問系（訪問介護・看護）、②通所系（デイサービス、デイケア）、③施設系（ショートステイ、特別養護老人ホーム、介護老人保健施設、有料老人ホーム等）の３つに類別されることが分かります。以下類型別に、起こりがちな事故・トラブルとその予防・対処法を簡潔に記しておきます。

① 訪問系

●**特徴**　サービス提供票がメインの記録であるため、施設と異なり利用者の経過観察等を記録として残しづらいことや、プライベートの空間に赤の他人であるヘルパーが入っていくため、家電製品を壊したり、**物品を紛失するなどの物関係のトラブルが多い**ことが挙げられます。さらに、チームワークで動く施設と違い単身でサービスを提供するため、他人の目がなく、手抜きや不正行為に走る誘惑が大きいと言えるでしょう。

　また、利用者が金銭を目につく場所に置いておくなどした結果、「ヘルパーにお金を盗まれた」といった**盗難被疑事件にもなりやすい**のです。

●**予防法**　まず金銭トラブルを回避することに集中します。「お金や高額なもの、貴重品は、金庫やたんすの奥など、ヘルパーの目に触れ

ないところに保管するようにしてください」と契約時にお願いしておきます。同様に、「ヘルパーは仕事で来ていますので、個人的に金品は受け取れません」と伝えておきましょう。

　利用者が金銭を管理できない場合は、家族や行政の地域権利擁護事業、NPO のサービス等に繋（つな）ぎましょう。ヘルパーに対しても、「中身を確認せず財布を預かるなど迂闊（うかつ）な行動は控えてください。少しでも疑われる可能性を感じたらサービス提供責任者に報告し、指示を仰いでください」と事前に教育・研修を施します。

　転倒や、おむつ交換・トランスなど介助中の事故対策としては、訪問介護計画書を随時見直していくことが効果的です。もし「歩行器で移動」と書いてあるのに、それに従わず単独歩行させた結果転倒となれば即、「計画通り実行しなかった＝契約義務違反」となってしまいます。単独で歩いて問題ないと判断したのであれば、計画書の方を見直せば良いのです。

　計画書にはどのように記載されているか、常にチェックする癖をつけましょう。

② 　通所系

●**特徴**　複数の利用者が入れ替わり通所するため、個別対応することが難しく、また利用者は自宅から通うため、指輪や財布など貴重品を身に着けて来所し、紛失するという事件が起こりやすいのです。

　認知症の人とそうでない人が混在する施設では、利用者同士の喧嘩やクレームが生じやすいと言えるでしょう。

　転倒、誤嚥（ごえん）、施設の非常口や窓からの離設・徘徊などのリスクが常にあり、特に送迎時には、車の乗り降りや自宅玄関から車までの距離における転倒の可能性があります。走行中の交通事故もしばしば見受けられ、大事故にならずとも段差の衝撃などで圧迫骨折することもあり得ます。

●**予防法**　最大の懸念事項である「不意の転倒」については、法律上は「具体的な予見可能性」がなければ賠償責任を負うことはないと言えますが、そのジャッジが極めて困難という現実があります。だからこそ、これまで解説してきたように契約書の賠償条項の定め方やその説明の仕方が先手として重要となってくるのです。現場においてはとにかく「心配性」の目をベースとして各利用者を見守りましょう。

　通所でよくあるトラブルが、花子さんのケースような「帰宅したら容態が悪化していた。骨折していた」というパターンです。これを予防するには、一日のプログラムが終わり、自宅に送る直前までの状態をしっかり観察し、その時点で異常が見られないことを記録しておくことです。

　利用者を自宅に返す際に何の異常もないことを確認する癖をつけると、いざというとき「あらぬ疑い」を回避することができます。

　転倒の次に多い事故が「誤嚥」であり、注意したいのは「がっつきによるむせ込み」です。がっついて食べる癖がある人の場合は食事ののったお皿を手の届かない位置まで下げる、水分を摂ってもらうなど喉に詰まらない工夫をしましょう。

　もちろん、万が一誤嚥が発生した場合に備え、職員全員が異物除去、ハイムリック法、人工呼吸に心臓マッサージといった一通りの救命措置をとれるように訓練しておくことも必須です。

③　施設系

●**特徴**　最大のリスクは転倒と虐待です。ユニット型は死角が多く、特に夜勤時にトラブルが発生しやすいと言えます。一度施設が行政から虐待認定され改善命令を出されると、健全な組織に生まれ変わることは至難の業であるため、改善観察期間中にまた新たな虐待が起き、泥沼にはまっていくというケースも多いのです。

●**予防法**　虐待については、実質的効果が望めるか否かに関わらず最低限の全体研修を定期的に実施することが重要です。併せて身体拘束がやむを得ないと評価される基準（切迫性・非代替性・一時性）についても指導します。その研修結果を必ず書面で記録として残しておきましょう。

　その他、虐待予防の観点からはさまざまな取り組みが考えられるのですが、このテーマだけでも一冊の本が書ける程奥の深いものです。

　一例だけ紹介しますと、「気づきシート」という取り組みを導入することで虐待予防に成功した施設があります。P.82の図─11のようなシンプルなシートなのですが、施設の全職員に、「他職員の言動等で良いと思ったエピソードがあれば笑顔マークに○をしてその内容を書き込み、一方で不適切と思われるエピソードがあったときは怒マークに○をして書き、最低4枚毎月提出する」ということを義務付けました（図─11の記載例参照）。その結果、通常であれば見落としてしまうような小さなエピソードが良いことも悪いこともたくさん集まり、施設における特長も課題も明らかとなったのです。興味のある方は、拙著『実践　介護現場における虐待の予防と対策』（民事法研究会）をご参照ください。

　転倒・誤嚥については通所系の場合と同様ですが、転倒については通所と異なり毎日送迎することはありませんから、もっぱら施設内での事故となります。これについてもセオリー通り、当該事故について「具体的に予見できたか」が判断基準となりますので、普段から「心配性」の目でよく利用者を観察し事故予防に努め、その取り組みを記録し、施設内で振り返り、改善に繋げていく（PDCAサイクル）ことが大切です。

図－11　気づきシート（記載例あり）

気づきシート

２０○○年○月○日

 or

Ｂさんとｃさん、ご家族との窓越し面会の前に、二人対応で「髪の毛よし、服装よし」と声をかけながら、整容がきちんとできているか確認されていた。同じフロアの他職員も行っていたので、フロア内で対応を共有できていると感心した出来事でした。

記入者(匿名も可)：

気づきシート

２０○○年○月○日

 or

エアコンの設定温度が職員目線になっていると感じる。動かずじっとしているご入居者が多いので、その目線で調節すると良いと思った。

記入者(匿名も可)：

2. 事故対応のポイント

（1）事故が起きたときの初期対応

① 責任認定のメカニズム

　本項では、いよいよ利用者に事故が起きたときの対処法について解説します。第 1 章の内容と繋（つな）がります。

　個別の実践方法に入る前に、そもそも法律の観点から、個別の事故事例についてどのような思考プロセスで責任のあり・なしが判断されるのか、その認定メカニズムを説明します。

　例として、訪問介護時に利用者を転倒・骨折させてしまったケースを基に見ていきましょう。

> 訪問介護員の E さんが、利用者 F さん（78歳、中度認知症）を車椅子に乗せ自宅内で押していたところ、バランスを崩し車椅子から落ちてしまった。事故直後に同居人の娘が帰宅し、転倒した状況に出くわし、E さんに対し激怒した。

　一般に損害賠償請求が裁判所で認められるか否かは、次のページの公式に当てはめて判断されます。これは物損、人損（利用者の転倒・骨折等）含め全て共通です。

　単純に言えば、裁判所から弁護士、損害保険会社まであらゆる関係者は、図－12の（1）から（4）までを順番に検討して判断します。

　（1）から（4）のどれか 1 つでも欠ければ賠償額はゼロ、請求は認められないこととなり、非常にシビアに、ドライに割り切っていくのが特徴です。

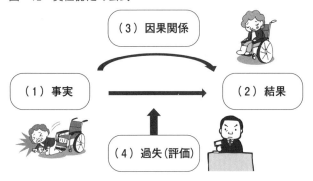

図－12　責任認定の公式

（3）因果関係

（1）事実　　　　　　　　　　→　　　　　　　　（2）結果

（4）過失（評価）

> （1）「事実」：損害発生の原因となる事実が認められるか否か
> （2）「結果」：損害の具体的中身が認められるか否か
> （3）「因果関係」：「事実」と「結果」との間に、「その事実が
> 　　　あったからこの結果に結びついた」と言える関係があるか
> 　　　否か
> （4）「過失」：（1）から（3）の要素が認められるとして、全体
> 　　　をみてその損害を引き起こした当事者（加害者）に「落ち
> 　　　度」があったと言えるか否か

上記4点を基準として判断します。具体的には、以前にも解説しましたが、発生した当該事故が現場において事前に「具体的に起こることが予見（＝予想）できたか否か」で判断されます。この「**具体的予見可能性**」という言葉がキーワードになりますので、覚えておくと良いでしょう。

（4）に「評価」とありますが、最終的に判断するのは裁判官の仕事です。当事者の評価が立場によって食い違うのは当然ですね。これを一方の立場から強力にアピールするために、弁護士という職業があるのです。

　なお、各要素が真実として認められるか否かは、全て「証拠」、当時のやり取りの記録や関係者の証言等、あらゆるものが検討の対象となり総合的に判断されます。本件では、基本的には介護職員Eさんの証言が中心となるためできるだけ詳しく聞き取る必要がありますが、実際にFさんが転倒した直後の様子や、車椅子との位置関係等が分かる状況を再現した写真を撮影しておくことも効果的です。

　それでは、これらの4つの要素に本件を当てはめてみましょう。

（1）　事実

　まず「事実」は「介護職員Eさんが、Fさんを車椅子に乗せ自宅内で押していたところ、Fさんが車椅子から落ちた」こと、ですね。

　外形的事実としてはこれで間違いなさそうですが、早速山場となる論点が現れました。Fさんはどのようにして落ちたのでしょうか？

　すなわち本件事故は、介護職員Eさんが急に車椅子を押すなどしてFさんのバランスを「崩させた」のか、それともFさんが自分で動こうとして自らバランスを「崩した」のか、はたまたFさんが自分から落ちていったのかで大きく結果が変わってくるのです。

　調査のポイントとしては、現場に何かつまづくような障害物がなかったか、もし介護職員Eさんが突然押したと仮定して、動機となる事情があったのかといった観点から聞き取りを進めていくと良いでしょう。このように原因を推測しながら真実を探り当てていく作業はまさに現実の裁判所でもそのまま行われているのです。

（2）　結果

　次に「結果」は、もしFさんが骨折等したのであれば、そのケガが結果＝損害となります。Fさんが元通りの体に治るかどうかは分かりませんが、今後かかってくる治療費や入院費、その他雑費や家族の付

き添い費、その他慰謝料等も損害として計上されていきます。

（3） 因果関係

「因果関係」については、もし（1）の事実が「介護職員Eさんが不用意に車椅子を押した」などといった事情があれば、その行為によって転倒、骨折という結果が生じたと言いやすく、したがって「因果関係あり」と言えます。

しかし、Eさんの方では特に変わった行動は見られず、「普通に押していた」（これが事実となります）ところ「Fさんが勝手に動き出して自分から落ちた」というのであれば、事実と結果の間には「Fさんが動いた」という別の要素が入り込んできます。これを難しい言葉ですが「因果関係の断絶」と言い、要するにEさんの行為が直接の原因となって転倒という結果に繋がったのではない以上、Eさんおよび訪問介護事業所には責任は認められない、という結論となるのです。ただ、そうかといってEさんが手放しで安心できるかというとそうとは限りません。Fさんが勝手に動いたとしても、「その行為自体をさせないよう配慮すべき義務があった」と利用者、家族側から主張されるおそれもあるからです。

（4） 過失

最後の「過失」については、事実と因果関係で見た議論と重複する部分が多いのですが、守る（＝賠償請求を受ける）側としてはどの次元の議論をしているかはさして重要ではありません。とにかく（1）から（4）のうち、1つでも裁判所に認めさせなければそれで結論としては責任はなしとなるのです。

結局は介護職員Eさんの事件直前の認識次第ということになりますが、例えばEさんが、「特に理由はないがぼーっとしていて気付いたらFさんが車椅子から転落していた」など、明白に落ち度があると思

われるエピソードがあれば、それは「過失」があったと認められるということになります。

　一方、「利用者の意思で突然車椅子から身を乗り出されたが、今までそのようなことはなく、咄嗟（とっさ）のことなので保護しきれなかった」といった、やむを得ないと言える事情があれば、「過失はなかった」と言いやすくなるということですね。

　これがもし「Ｆさんは以前から度々車椅子から急に乗り出すことがあった」といった兆候があれば、今度は逆に「車椅子からの転落は具体的に予見できた」と認定されやすくなる、というメカニズムです。

② 裁判は証拠が全て

　これら４つを物差しに、裁判所は初めて見聞きする介護事故につき責任があるか否かを分析・判定するのですが、（１）から（４）の要素は全て「証拠」から認定されます。

　裁判所で検証される証拠としては文章だけでなく写真や音声データ、イラスト、または当事者の肉声（証人尋問で得られた証言）など多岐にわたりますが、何と言っても当時付けられていた記録が重要視されます。手書きであろうと電子記録であろうと、介護日誌やケアプラン等およそ証拠として出していけないものはありません（利用者側は、しばしば証拠としての利用が禁止されている国民健康保険団体連合会（国保連）の指導通知書であっても裁判所に提出することがあります）。だからこそ、これまで説明してきた通り記録は重要であり、いざというときの責任判定の重要な証拠となるのです。そういった性質のものなのだと現場職員が理解しておくことは、必要でしょう。

③ 請求額と支払える額に開きがあるときは

　私が施設側の弁護士としてある転倒事故を担当した際、当方の提示額は150万円、これに対し家族側も弁護士を立て、なんと5,700万円を

請求してきたということがありました。これはさすがに過大なケースと言えますが、数百万単位で開きが生じることは介護事故においては往々にしてあることです。

　なぜこのような差が生じるかと言うと、事業所が加入している損害保険会社が支払える額が（比較的）非常に低額である、という事情があることによります。

　ここで、事業所と利用者、そして損害保険会社の三者の関係を整理しておきましょう。

　図−13から分かる通り、実は事業所は損害保険会社と利用者との間では「板挟み」の関係にあります。利用者に対しては、事故について「責任はなかった」と弁解し支払額も低額で済ませたいところですが、損害保険会社との関係では「なるべく責任を認めて、裁判を提起される前にまとまった額を支払い、示談で解決したい」という思惑が働きます。

　一方で損害保険会社としては、ビジネスとしてやっているわけですから当然ノルマがあり、保険金を毎回大盤振る舞いすることはできま

図−13　三者の関係性

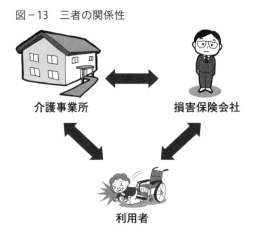

せん。なるべくシビアに査定し、それこそ「予見可能性がない」と
いった理由で責任を認めたがらないというのが損害保険会社の自然な
あり方と言えるのです。

　しかし、そういった内部事情は、利用者側にとっては全く関係のな
いことです。「誰が払うのも一緒なのだから、とにかく速やかに賠償
してくれ！」と迫ってくるのが常であると、契約書の項で説明しまし
たね。だからこそ先手を打って、「実際に事故が起きたら損害保険で
まかなうことになっている。その為の保険である」と説明し、理解し
ておいてもらうことが重要となるのです。
　ところで、利用者側と賠償額等につき、折り合いがつかず、後日提
訴され賠償命令判決が出た場合、その金額は誰が払うのでしょうか。
判決が下され確定した場合、加入している保険内容の上限額を超えな
い限り、損害保険会社から全額が一括で払われます。それは、損害保
険の契約上そう定められているからに過ぎず、保険契約の細かい約款
の中には「施設（事業所）の過失により賠償相当の事故が起きた場
合」に保険金が支払われます、と明記されているのです。

　「なんだ、どうせ払うのだったら、裁判までいかない早い段階で
さっさと保険金を出してくれれば良いのに」と思うでしょうか？　そ
こはまさに駆け引きの部分であり、語弊のある表現ですが、損害保険
会社にとっては賭けの連続なのです。「1円も払わない」と突っぱね
たところで、この利用者家族は裁判で争うことまではしないだろう。
その読みが当たれば、損害保険会社はその分儲けとなります。逆に読
みが外れ、しかも裁判で大負けし多額の賠償命令が下されれば、損害
保険会社は大ダメージを受けることになるのです。

　介護事故は最終的には治療費をはじめとする金銭賠償の話に収斂さ

れていくところ、そのカギを握るのは紛れもなく損害保険会社なのです。しかし、現実には損害保険会社の思惑次第という側面が多分にあると言え、ありふれた事故事例がこじれにこじれ裁判となったり、泣き寝入りを強いられる利用者家族が現れるというのが実態なのではないかと思います。いわゆる交通事故に関しては、戦後のおびただしい事故事例の積み重ねから、ある程度の相場というものが形成されているのですが、介護事故についてはそこまで至っていないのが現実です。私は、この超高齢社会において介護事故に特化した賠償基準を確立する必要があると考えています。

④　記録は丁寧に正確に

　話を実務に戻しますと、先ほど事業所は「板挟み」の関係にあると書きました。そこから実は、一点確実に事業所にとって安心材料となる事実が導かれるのです。

　それは、記録をとる際、自分たちにとって有利か不利かを考える必要がないということです。

　勘の鋭い人は、先程の損害賠償の４要件の（４）過失でいう「予見可能性」が、要するに現場で見られる「ヒヤリハット」のことであると気付いたことでしょう。「ということは、転倒で言えば普段からふらつきや転んだという事実が記録されればされるほど、これだけ予見できたのに予防できなかったとして責められ、有責とされてしまうのだな」と思ったかもしれません。

　しかし、先程説明した通り、予見可能性があればあるだけ保険金が下りることになり、一方そうでなければ家族にその通り説明し理解を求めるだけなのです。そこから訴えられたとしても、法人が賠償金を支払うことにはならないので、ことさらに裁判というものを恐れる必要はないと言えるでしょう（もちろん、長期間の裁判に拘束され肉体的・精神的に疲弊し、外部の評判にも悪影響を及ぼすといった弊害は

図-14　事故後の初期対応一覧

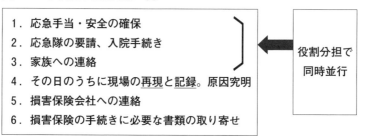

1．応急手当・安全の確保
2．応急隊の要請、入院手続き
3．家族への連絡
4．その日のうちに現場の再現と記録。原因究明
5．損害保険会社への連絡
6．損害保険の手続きに必要な書類の取り寄せ

役割分担で
同時並行

避けられません）。

　ですから皆さんは、「もし賠償問題になったら」といったことを気に病むことはせずに、安心して日常・非日常の記録を丁寧に正確に付けていってもらいたいと思います。「こんなことを書いたら不利になるんじゃないか」「こう表現すれば責任を免れられるのではないか」などといちいち思い悩み画策する必要はないのです。ただ純粋に利用者のことを思い、その安全を守ることに集中してください。

⑤　初期対応マニュアル

　それでは実務的な話に入っていきます。転倒事故を想定して説明しますが、初期対応としてとるべき措置は主に図-14の通りです。

●再現写真を撮る

　中でも重要なのが、4番目の「その日のうちに現場の再現と記録。原因究明」です。

　介護事故の責任が争われるとき、最重要証拠となる記録は保険者に提出する「事故報告書」です。問題は、この報告書の用紙の記載欄が狭く限られており、事故に至る経緯を正確に記録するには到底紙面が足りないことです（P.34～35図-5参照）。

　また、言葉というものはどうしても限界があり、書けば書くほど不

正確になっていくという場合もあります。読み手によって浮かべるイメージもさまざまであり、認識の差も生じてしまうでしょう。そこで、解決策として「再現写真を撮る」ことをお勧めしています（P.33図－4参照）。

　これは、あくまで一通りの初期対応を終えた後、現場検証の段階で行う作業です。利用者に付き添って歩行していたところ転ばせてしまったのであれば、その付き添っていた職員に「利用者役」、もう一人の他職員に付き添い役を演じてもらい、歩いてくるところから転倒した時点までをゆっくり動きながら再現してもらうのです。その様子を、コマ送りのように何枚も写真に収めます。慣れてくれば別角度からも撮影するなど、より事故の原因究明に役立つ写真が撮れるようになるでしょう。もし原因が分からなければ、それだけ「予見可能性がなかった」ということになりますから、家族にはその旨を説明すれば良いのです。大切なことは、事故が起きたという事実そのものから逃げることなく、正面から向き合い説明責任を果たすことです。その際、施設にとって有利か不利かを考えなくとも良いことは先に説明した通りです。

　撮影した写真は、適宜報告書に織り込むなどしてまず家族に説明する資料とし、併せて損害保険会社や弁護士等にも見てもらいます。事故報告書には、別紙として付け足しても良いでしょう。

　繰り返し述べている通り記録はメリハリが重要であり、特に非日常＝事故に関する記録は、（1）から（4）の賠償責任の要件をどれだけ意識して作成できているかにかかっています。

　図－14の一覧に戻って、5番目以下の項目は、それまで講じてきた「先手」が今こそ生きるときであり、契約段階や折りに触れ開催したカンファレンス、日常のコミュニケーションがしっかりしていれば家

族の理解を得ることもたやすいでしょう。最後の項目の「損害保険の手続きに必要な書類」とは、代表格として「医療情報の開示に関する家族の同意書」が挙げられます。転倒事故であれば、搬送先の病院で撮られたレントゲン写真やカルテ、診断書等の記録が必須であり、損害保険会社が外部サービスとして利用する調査会社がこれらの資料を精査し、4要件に沿って賠償相当か否かを検討します。ケースにもよりますが、私の感覚では損害保険会社としての結論が出るまで大体2、3か月は要するという感覚です。

（2）事故後の家族対応

①　3つのルールを思い出しましょう

　第2章の冒頭で学んだ「事故・トラブル対応3つのルール」を覚えていますか。「先手」「受容・共鳴」、そして「公平・公正」でしたね。この流れは、利用者の私物がなくなったり壊れたときでも、利用者が骨折したときでも全く変わりません。

　基本線としては、どんな場合でも相手の気持ちに寄り添おうと努力し、できるだけ謝罪（道義的謝罪）をすることでこちらの誠意を伝えるということです。そして、純粋に利用者・家族のことを思い、包み隠さず事故当時起こったことをできる限り詳細に説明します。この「謝罪と説明」が家族対応の2本柱となります。

　家族への初期対応で一点だけ注意すべきことは、謝罪は確かに積極的にして良いのですが、「治療費等の賠償に関しては安請け合いをしない」ということです。施設長が、話の流れでつい「入院費と治療費はお支払いします」と事故直後の段階で発言してしまい、後から検討してみたところやはり払えないとの結論に至ったというケースがよくあります。その場合、法論理上は口頭でも支払う旨の合意は有効なの

で、前言を撤回することは極めて骨の折れる作業となります。

　ここで、私が利用者側の弁護士として経験した「実際にあった家族対応の失敗例」を紹介しましょう。中には信じられないケースもあるかもしれませんが、全て実際に起きたことです。

●ケース１　事故後、３件も病院を回りようやく骨折した父親の入院先を見つけた家族。施設に「おかげさまで病院が見つかりました」と伝えたところ、スタッフは「良かったですね」と返答。
　他人ごとのような発言に家族は傷つき、施設側の無責任さを訴えました。「なぜ施設の窓口として「申し訳ありませんでした」の一言が言えないのか」という嘆きが理解できる人であってほしいものです。

●ケース２　事業所の職員がアポなしで利用者宅に押しかけ、ドアを開け玄関まで勝手に入ってきた。用件は、過去の不適切なケアに関する謝罪文を手渡すことだった。
　長年通っている利用者宅では「勝手知ったる他人の家」になってしまうのかもしれませんが、「親しき仲にも礼儀あり」。まして謝罪しに行くのであれば事前に訪問の許可を得るのは社会人として当然のことですね。

●ケース３　障害のある利用者が誤嚥で意識不明となり後に逝去されたとき、施設長が「こうなってむしろ良かった」と発言。
　失言では済まされないことですが、ここまでひどいと、この施設長は福祉事業に携わる資格がないと言えるでしょう。

●ケース４　利用者にも落ち度があったとして、過失割合を主張。
　いわゆる「理」の部分であり、「情」（謝罪、共鳴）の後で最後に出

てくるのであれば良いのですが、いきなりこうした理屈を滔々（とうとう）と語り
だす施設担当者も少なからずいました。

●ケース5　有料老人ホームの入居者が転倒し入院。退院間際になっ
て「うちでは見られない」と電話口で施設長に言われ、退去を余儀な
くされたケースで、真相開示を求め続けたが施設側代理人が話し合い
の場でおもむろに封筒から現金を取り出しこちらに投げてよこした。

　もはや三文芝居のようですが、実際にこの場面に利用者側の弁護士
として立ち会いました。もちろん、家族は「バカにしないでくださ
い！」と激昂され、その後訴訟に発展しました。

② 謝罪方法
　利用者・家族（場合によっては遺族）に対しては、どのような言
葉・方法で謝罪の意思を伝えればよいでしょうか。ここが事故後対応
におけるハイライトとなりますので、十分に考える必要があります。
利用者・家族宅に謝罪に行くような場合、必ず事前にリハーサルを
し、難しければ「誰が、いつ、何を発言するか」を決めたおおまかな
段取りを作成し、確認・共有しておきましょう。
　まれに土下座を強要してくる家族もいるのですが、これに応じる義
務はありません。「個人の人格権に関わることであり、私たちはその
ようなやり方が誠意を示す方法とは思っておりませんので、お断りし
ます」と言い、断りましょう。
　具体的な謝罪の文言は、特に制約やこう言えば良いといったアドバ
イスは一概にできないのですが、ともかく「まごころ」を伝えようと
することが大前提です。素直に、純粋に利用者のことを思う気持ちを
基に、自分たち事業所の行いを批判的に再検証する姿勢を持ちましょ
う。
　3つのルールにある通り、謝罪の場では何より相手の気持ちに「寄

り添う」こと（共鳴）が大切なのですが、それに関しては「**お気持ち
はよく分かります**」というフレーズがあります。

　もし本当には分からなかったとしても、このフレーズを口にするこ
とで自然と相手の気持ちになろうという意識が働きます。こういった
「謝罪の訓練」を、物損など軽微な日常の事故対応で積み重ねていけ
ば、いざというとき慌てずに済むのです。

●手土産は？　その他謝罪の意を伝える方法

　初回訪問時には「手土産」を持参するということがありがちです
が、これはあってもなくてもあまり関係はなく、それより「**真実と原
因の解明にどれだけ注力したか**」を示すことの方が家族にとってはよ
ほど優先事項となります。とにかくケガをした利用者の家族として
は、謝罪や賠償云々の以前にまず「真実を早く知りたい。嘘はついて
ほしくない」という思いに尽きるのです。そのニーズを真っ先に、先
手を打って満たすことができれば、その分心証も良くなり、その後の
交渉もまとめやすくなるでしょう。手土産を渡すのであればその後で
す。

③　お見舞金について

　これは法的責任に基づく損害賠償とは別ものであり、もし見舞金を
渡した後で賠償金を正式に支払うことになっても、見舞金分を減額で
きるというものではありません。事故が起こるたびに必ず出さなけれ
ばならないものではないため、あくまで法人側の気持ちとして、必要
と判断した場合に渡すと良いでしょう。位置付けとしては、利用者が
入院した場合等、「当座の交通費や雑費などに充ててください」と言
い渡します。亡くなった場合には香典として渡します。

　よく「見舞金の相場はいくらか」と質問を受けますが、私は「転
倒・骨折事故等であれば3〜5万円。明らかな過失により死亡させた

ような場合は、香典代として5〜10万円を包んでもおかしくないで
しょう」と答えています。

④　事故後、賠償までの流れ

　一通りの謝罪と説明を終えた後は、本件事故につき賠償責任がある
か否かを見極め（賠償の4要件）、責任がある場合にはいくらを提示
するかという検討に入ります。

　先に説明した通り、賠償は全て損害保険でカバーされるものですの
で、もし損害保険会社が「責任なし」と判断すればそれが家族への回
答となってしまいます。もっとも、損害保険会社としてもその後裁判
に持ち込まれ高額の賠償命令が出てしまっては元も子もないので、結
論としては「法的に相当な額であれば保険金を払う」ということにな
るのです。場合によっては損害保険会社（あるいはその代理店の担当
者）が介護事故訴訟の実態や傾向を十分知らない可能性もあるため、
事業所側としては予見可能性の判定に資する資料や過去の事例等を提
示し、損害保険会社に適正な保険金を出してもらうよう「交渉」する
必要があると言えます。私は弁護士として、利用者と事業所双方の相
談を引き受けますが、事業所の立場でもそのような観点から法人代理
人として損害保険会社と交渉し、賠償提示額を引き上げさせることを
業務としてよく行っています。

　こうした作業は裁判まで見通した高度な判断を要するものとなって
くるため、全て現場でまかなおうとするよりは、弁護士等の専門家に
任せる方が効率的と思われます。

　現場でできること、現場でしかできないことは、繰り返しますが
「記録」です。事故報告書を作成する他にも、再現写真を撮る等、ま
だまだ工夫できる余地はたくさんあるはずです。家族に誠意を伝える
ため、そして法的により公正妥当な結論を導く基礎とするために、事
故前後の記録の整備に注力するようにしてください。

⑤ 賠償義務の見分け方

これについては総論で説明した通りですが、スタンダードな転倒事故であれば大抵、要件（４）「過失」≒具体的な予見可能性の有無の見極めに論点は収束していきます。実務では、いかに加入先の損害保険会社を説得するかの方がむしろ重要な場合が多いことは既にお話した通りです。

私の印象として、いわゆる転倒事故については、訴訟になると結果論的な論法で事業所側の「見守り義務違反」が認められてしまい、数十〜数百万円の賠償命令が下される傾向にあると認識していたのですが、近時請求が棄却された珍しい判決が出ました。第４章の裁判例３（P.135）にて詳しく紹介しますが、ケアプランやアセスメントシートなど、日々の記録から丁寧に事実を認定し判決を導いた貴重な裁判例です。この判決は、事故が起きたのが、「帰宅願望が高まり、施設内を徘徊していたなどの機会ではなく」（昼食後の落ち着いた時間帯であった）といったように、仮定のシチュエーションとの比較を行っている点で秀逸で、これは施設側の防御法としても使える論法です（P.137判決文ハイライト参照）。ぜひご一読ください。

⑥ 状況別対応の流れ

典型的な賠償の流れを説明します。双方に代理人が就き、利用者側からまず賠償額の請求が書面でなされます。これに対し事業所側は損害保険会社と協議し、「ここまでなら払える」あるいは「そもそも賠償の要件を満たさないので払えない」等と回答します。そのようなやり取りをする中で、妥協点が見い出せるようであれば細かい金額の調整に入り、最終的には合意書を交わし終了します。そのやり取りは裁判を見通した非常に高度なものとなるため、できれば専門家に依頼することをお勧めします。

その他、若干イレギュラーですが、しばしば起こるケースを紹介し

ます。

●ケース1　家族側が慰謝料等の支払いを求めていない場合

　先方が求めてこない以上支払う必要はないので、どう考えても当方の過失で死亡させてしまったケースであっても、よほどのことがない限りこちらから無理に賠償を提案する必要はありません。その分、言葉や態度で謝罪の意思を伝え、二度と同じ事故が繰り返されないよう再発防止に注力するよう意識を切り替えましょう。

●ケース2　最初に「入院費等を支払う」と約束してしまったが、予想外に入院が長引き退院のめどが未だに立っていない場合

　この場合は、やむを得ずどこかの段階で支払いを停止することも検討しなければなりません。どこかで「申し訳ないが入院費の支払いは今後3か月までとさせて頂きたい。その代わりにまとまった額を今回の賠償額としてご提案します」等と伝え、流れを切り替える必要があります。

　入院費等も保険で全部まかなわれるのであれば問題ありませんが、高齢者の入院が長引いた場合、損害保険会社としてはおおよそ3～6か月程度で症状固定を擬制する（これ以上医療機関での療養が不要と認定する）ものなので事業所は注意が必要です。家族側からみれば「手の平を返された」ことに変わりはないので、こうならないよう特に初期対応での言動には注意が必要となるのです。

●ケース3　事実を一通り説明しても納得されず、「責任を認めるのか、認めないのか」と迫られる場合

　これは実は全ての交渉事において不可避なステージである一方、非常に神経を使う、ある意味究極の局面と言えるのですが、事業所側としては以下の「方便」（と言うとずるいイメージがあるので、「論理の

切替え」と表現した方が良いかもしれませんが）を使わざるを得ない
というジレンマがあるのです。

　「今の示談交渉の段階であれば、本件事故につき法的責任を認め、
これだけの額をお支払いできます。しかし合意に至らず裁判に移行し
た際は、責任を否定せざるを得ません」

　平たく言えば、「裁判をしないのであれば、これだけ払います。し
かし裁判までするのであれば、こちらも受けて争わなければならな
い」ということなのです。

　これは純粋な論理の視点からは明らかな背理であり、家族側からす
れば「一貫していない」ということになりますが、事業所としてはこ
うせざるを得ないという現実があるのです。もし本当に一貫させるの
であれば、「話し合いがまとまらない→提訴された→裁判でも責任を
認めるが、その評価（賠償額の算定）について争う」という対応とな
りますが、それは裁判の世界では通常考え難いことであり、訴えられ
た場合、被告はほぼ間違いなく「原告の請求を棄却する」との判決を
求める、との答弁（返答）をするものなのです。

　私は、個人的には「提訴前の交渉段階では前向きにミスを認める方
向で検討していたにも関わらず、いざ提訴されれば100％守りに入っ
てしまう」という態度は、まさに手の平を返すようなものであり、良
くないことではあると思います。しかし現実には、少なくとも以下の
2点から、このような対応もやむを得ないと言えるものと考えます。

　1つは、実際に裁判が始まれば、最初は被告側として請求棄却を求
める段階からスタートするものの、裁判が進む中で裁判上の和解を求
める等徐々に歩み寄ることもよくあるため、言ってみれば「裁判とい
う特殊な場で、かたち上、手の平を返す態度を見せるだけである」と
言うこともできるということです。

　2つには、最終的に支払い義務を負わされる損害保険会社の立場か

らすれば、「なぜ徹底抗戦しないのか」と不服に思うはずであり、法曹実務の慣行からも裁判における入り口の答弁段階で「基本的に責任を認める」ということは考え難く、場合によっては弁護過誤（本来弁護士として期待される仕事をしていない）と非難されるおそれもあるという現実です。

　現実に事業所が提訴された場合、顧問弁護士がいない限り損害保険会社が紹介する弁護士が被告代理人となることが多いと言えます。何にせよ裁判になれば最大の利害関係者は損害保険会社になりますから、必死で意見書を書く医者を用意したり（医学的所見から P.84 の図－12 の要件（3）の因果関係を否定する）、損害保険会社として弁護士を立て裁判に補助参加（被告となった法人に助太刀する）することもあります。

⑦　裁判になりそうなときは

　先のケース 3 （P. 99）などが典型ですが、家族としては「口先で謝るばかりで、結局十分な賠償を払わないではないか。ならば出るところに出て白黒つけるしかない」と考えるものです。苛烈な要求がぴたりと止み、その後数か月音沙汰がない場合は、その間に裁判の準備をしていることが多いのです。

　そのような場合に事業所が取り得る手段として、「調停の申し立て」があります。当事者間でまとまらないのであれば、第三者に話し合いの仲立ちをしてもらうのです。

　有力なものとして、主に裁判所での調停と、弁護士会の主催する調停の 2 つがあります。裁判所のほうが権威性がありますが、調停委員は弁護士とは限らず介護事故訴訟についての知識もない場合もあるので、スピードと柔軟性に優れた弁護士会の調停をまず検討されるのが良いかと思います。ただし、いずれもあくまで任意の話し合いですので、利用者側が拒否すれば調停は成立しません。

⑧　利用者家族がクレーマーと化してしまったら？

●事業所から契約を解除することもできる

　ここでは場面を変えて、利用者が受傷し入院先から施設に戻ってきたときに、利用者側が「完全に元の状態に戻るまで無償でサービスしろ」等と度を越した要求を行い、いわゆるクレーマー（ハラスメント）としてしまったような場合を考えてみましょう。最終的には、担当の介護職員やケアマネジャーが心身ともに疲弊し、「事業所側から利用契約を解除したい」という相談を多く受けています。

　結論から言うと、事業所側から解除することは可能です。見直してもらえれば分かりますが、大抵契約書には「信頼関係を破壊する行為があったときは解除できる」と定められています。

　問題は、具体的にいかなる場合に、どのような手順で解除すれば問題ない（賠償責任を課されず、介護保険制度上も違法とならない）と言えるかですが、以下具体的に解説します。

●事業所からの契約解除規定の見直し

　まずは契約書の条項を見直しましょう。「信頼関係破壊」については次のように改訂します。

（現行の雛形等の規定例）
　事業所は、利用者が事業者に対して、この契約を継続し難いほどの背任行為を行った場合、文書で通知することにより、直ちにこの契約を解約することができます。

　この規定は典型的ですが、「この契約を継続し難いほどの背任行為」（あるいは、よくある定め方として「信頼関係を破壊する行為」等）が指す内容が不明瞭であり、先にみた賠償規定の「速やかに」のよう

に立場によって解釈が全く異なり、それだけ揉めやすいというリスクがあります。また、この規定によれば文言上は、極端に言うと「背任行為」が一度でもあれば「直ちに」解約できてしまい、強引な解除がなされトラブルになる可能性があります。

　元々信頼関係の問題にまでこじれるような家族は、何をしても揉めるものなので、事業所の心構えとしては「もう一刻も早く縁を切りたい」というときほどヤケにならず、後から「無責任にも投げ出した」と指摘されないための周到な準備が必要となるのです。ハードランディングではなく、ステップを踏んだソフトランディングを目指しましょう。

　そのような観点から、私が良いと考える解除規定は以下の通りです。

（事業所からの解除規定モデル）

　事業所は、利用者またはその身元引受人ないしご家族、その他関係者が故意に法令違反、著しく常識を逸脱する行為又は本契約を継続し難いほどの背信的行為を事業所に対してなし、事業所の事前の申し入れにも関わらず改善の見込みがなく、本契約の目的を達することが著しく困難となったと認めるときは、文書による通知によりこの契約を解除することができます。

　ポイントは、次の3点です。

ア）主体を、利用者だけでなくその家族も含める定め方にすること

　現場において問題となるのは、利用者本人ではなくその家族であることが圧倒的に多いのですが、大抵の契約書では現状、主語が「利用者」となっていることと思います。そこを訂正する必要があります。

イ）基準を明確にすること

　「背任行為」という幅のある言葉から、「法令違反」あるいは「著しく常識を逸脱する行為」という、よりジャッジしやすい基準を前面に出しています。法令といっても難しく考える必要はなく、例えば恫喝されたのであれば脅迫罪、金品を言外でも要求された場合は恐喝罪、何度も電話をかけ何時間も理由なく拘束する行為が続けば業務妨害罪、あるいは名誉毀損や信用毀損罪など、何かしら刑事罰相当と主張すること自体は容易なのです。それを警察に持ち込み、実際に逮捕など動いてもらうことは至難の業ですが、一方、当事者の見解として主張することは（もちろん嘘があってはいけませんが）自由です。

ウ）事前に家族側に伝えること

　「事前の申し入れ」とは、いきなり解除という最後通告に至るのではなく、遠回りに思われてもその前段階として「家族側のこういったところが問題である」と面と向かって指摘するステップを挟むことを意味します。詳しい手順は次項で解説します。

　なお、解除規定以外にも、念のため現場職員がすぐ退避できるように次のような中止規定を盛り込むことも考えられます。介護職員の一挙手一投足を監視し、何かあれば怒鳴りつける等、介護職員が萎縮して到底仕事にならない場合は即座に中止します。

（サービスの中止）

　事業所は、サービスの実施中、事業所職員に対し契約者または
その身元引受人ないしご家族（内縁関係等の関係者を含む）が故
意に法令違反、著しく常識を逸脱する行為または本契約を継続し
難いほどの背信的行為をなし、本契約の目的を達することが著し
く困難となったと認めるときは、本サービスの提供を中止するこ
とができます。

●実際の解除までのステップ

　収益を減らしてでも一利用者との契約を解除したいくらいですか
ら、申し入れたところでまず間違いなく「逆ギレ」されてしまうこと
でしょうが、狙いは「相手を変えさせる」ことではなく、「その手続
きを踏んだことを証拠に残す」ことにあります。結果ではなくプロセ
スが大事なのです。

　申し入れる際は、言った言わないを避けるためこちらの要望を箇条
書きした申し入れ書を作成し渡すようにすると良いでしょう。

　また、会話のやり取りについては録音が効果的です。裏技的な方法
ですが、相手との会話を秘密録音することは原則として合法であり、
いちいち相手の許可を得る必要はありません。こちらはあくまで物腰
柔らかに、丁寧に接し、相手の反応を証拠として録っておくと良いで
しょう。このように「当方としてはあくまで話し合いによる相互の歩
み寄りを求めてきたが、残念ながら家族側に応じてもらえず、やむを
得ず解除に至った」という流れを意識して作ろうとすることがポイン
トです。なお、もし家族側が申し入れを受け入れ、態度を改めるなど
して問題が解決したのであれば、解除する理由もなくなったのでサー
ビスを継続することとなります。「目的」と「手段」を混同しないよ
う常に留意しましょう。

そのようなやり取りを進めていく中で、家族側に全く改善が見られない場合には、最終通知として解除の書面を手渡します。面会できない場合は、内容証明郵便を配達証明付きで送付することになります。なお解除する場合も、「明日から来ません」といった突然の引き上げであってはならず、30日前には告知するよう配慮します。通知後は、よほどのことがない限り一度決めた方針を取り下げてはなりません。相手が納得するかに関係なく、次の事業所候補を紹介する等引き継ぎの作業に移ります。こうした外部事業所との連携にも相当な手間と時間を要しますので、常にゴールを見据え「先手」で段取りを組んでいくことが重要です。

●解除に伴うリスク

　解除があまりに突然であり、翌週からサービスに入る事業所がない（穴を空ける）ようなことになれば、それにより利用者の容態が悪化した等の理由で賠償請求されるおそれがあります。もっとも現実にこのような主張が容認された裁判例は私の知る限りではなく、また家族側からすれば「損害」の設定と立証が困難であるため、この点についてはそれほど脅威に感じる必要はないでしょう。

　問題は保険者をはじめとする行政機関からの注意指導ですが、まさに「先手」で動き出す段階でこちらから行政に報告・相談し、密に連携することが効果的です。行政としては「民間での問題なのでうちは関われない」等とおよび腰になるものなのですが、それでも事情と経緯を知っておいてもらうことはいざ家族側が苦情を申し出たときに効果を発揮します。一見無駄に思えても、急がば回れの精神で「報連相」を徹底するようにしましょう。

（3）職員への対応方法

　第1章でも触れましたが、現場職員への対応ポイントは「心のケ

ア」と「事故・家族対応の記録」です。

①　事故当事者の職員に対して

●心のケア

現場職員は、事故現場や憤る家族に直面し、多かれ少なかれショックを受けています。管理職としては、まずはそのメンタルケア（グリーフケアと言っても良いかもしれません）を意識的に行うようにしましょう。

以前、私の顧問先の施設で、4階にあるショートステイの居室バルコニーから利用者が投身自殺をしたという事件が起きました。当日の早朝に見回りをしていた職員が第一発見者となりましたが、そのときの衝撃はいかばかりだったかと思います。

その他にも、在宅の利用者宅に入ってみたら室内で孤独死していた等、トラウマになるような経験をした職員もいることでしょう。そのような経験をすると、人間ですからどうしても現場に入ることが怖くなってしまうものと思います。周りが無理強いして働かせることはもちろんできませんが、代わりの人がいないことから空元気を出して働き続けるということもあるかもしれません。しかし人間の心の耐性には限界があり、あるときぽっきりと折れてしまうものです。うつ病になり急に出勤できなくなってしまうかもしれないのです。

人の心は目に見えないものである以上、統括する立場としては常に細心の注意を払い観察する必要があります。

職員への声かけで重要なことは、「あなたのせいではない」ということを繰り返し伝えることです。

中には明白な虐待事件など、明らかにその職員のせいということも

107

あるかもしれませんが、そのときはあえて指摘する必要もないでしょう。大抵の介護事故は当事者不在、つまりリビングや居室で職員がいない状況で転倒したり、もう一人の利用者を見るためやむを得ず一瞬目を離したときなど微妙な状況で起こるものです。そのとき、まじめで熱心な職員ほど、「あのとき自分がちゃんと見守っていれば」等と後悔を引きずるのです。家族に報告し、「どうして転ばせたの！」と言われればなおさらそう思い込むことでしょう。

　しかし、そうではない、利用者の事故というものは物理的に防ぎきれないものなのだということを普段から研修等でも説明し、自分自身に原因を求めないよう心構えを持たせる必要があるのです。

　転倒事故には、利用者とマンツーマンで付き添い歩行をしている最中に転ばせてしまった、という態様もあります。この場合は確かにその職員の不注意で転ばせたと言えるように思われます。しかし逆に、そんなときこそ軽々にその職員の資質や注意不足に原因を求めないようにしましょう。例えば、「体重のある利用者に比べ小柄な職員で、支えきれなかったのではないか」、「夜勤明けで疲れていて機敏に動けなかったのではないか」、「他の職員が皆ばらばらに動いており、助けを求められなかったのではないか」と考えてみましょう。「罪を憎んで人を憎まず」という言葉があります。人のせいにせず、組織、環境、習慣など、外部の要因をまずは探っていくよう心掛けたいものです。そうすれば、小さなことであっても改善していくことで確実にその分事故を予防できるようになります。

●事故・家族対応の記録

　第1章の内容と重複しますが、事故時の状況を報告・記録できるのはそのとき現場に居合わせた職員を除いて他に誰もいません。現場職員が見聞きした事故を記録することは極めて重要なのです。

　ところが実際には、記録を現場でしっかり取っていく意識が希薄なために、唯一の目撃者である職員がもたもたしているうちに辞めてしまった…ということが起きています。事故について説明できる人は皆無となり、家族の怒りを買い一歩間違えば虐待の疑いまで…という最悪のシナリオが待ち構えています。

　そこで事業所としては、まず事故が起きたらその日は居残りといった明確なルールを打ち立てます。

　居残って何をするのか？　そう、記録ですね。具体的には第 1 章で解説したように、「事故状況を職員間で再現し写真を撮る」のです。10分でも構いませんので、短い時間で最低限必要な記録を確実に付けるようにします。

　例えば、付き添い歩行中に利用者がバランスを崩し転倒したとしましょう。一瞬のことですから、なぜバランスを崩したのか、支えきれなかったのか、転倒して最初にどこを床にぶつけたのか…さまざまな要素全ては捉えきれません。そこで、後からじっくり検証するために、まずは付き添っていた職員に利用者の「役」を担ってもらい、別の職員にはその付き添い職員の役をしてもらうのです。「ここから歩き始めて、このドアの前で転びました」等と、事故が起きる直前の状況から始め、都度ストップしてもらいその様子を写真に撮ります。慣れてくれば、転倒の瞬間を別角度からも撮影し、何かに滑ったのではないか、つまづいたのか等さまざまな可能性を検討すると良いでしょう。

　誤嚥の場合も同様ですが、誤嚥では特に“詰まった瞬間の食事の食べ残しや、吸引した窒息の原因と思われる残渣物を処分せずに保存しておく（少なくとも写真を撮る）”ことが重要です。実際に食事中、何が喉に詰まり亡くなったのか…という点が不明であり、家族に不信

感を抱かせてしまうことがあります。あるいは、「利用者はよく噛んで飲み込んでおり、窒息する兆候は見られなかった」という状況であったとしても、吸引器で引けた残渣物の状態を見なければ、実際にどれだけ咀嚼していたのかが分からないこともあります。誤嚥事故においては、そのような窒息の原因となる物が最重要の証拠となるのが当たりですが、これを現場職員が、普段の感覚で「ごみ」として捨ててしまうことが往々にしてあるのです。

「現場に残されたものは全て証拠となる」 という意識を持って、証拠物の保全、正確な記録を心がけるように指導しましょう。

② 施設・事業所全体に対して

事業所全体としては、もちろん起きてしまった事故内容を報告し、共有することで再発防止に努めなければなりません。

「誤嚥事故の発覚後、そばにいた職員が救命措置をスムーズにできなかった」といった明確な課題が見つかった場合は、救命研修の実施など適宜必要な措置を講じていきます。

問題は、大小さまざまな事故がある中で、いわゆるヒヤリハットも毎回全職員に伝えるべきかという点ですが、大事故につながる可能性があるものは全て、最低限発生場所と態様、考えられる原因と対策を伝えるようにしましょう。

大きな施設になるとフロアごとで孤立し情報が行き渡らなくなりがちなので、「他山の石」の言葉の通り他フロアで起きた事件を我がこととして捉え、小さな改善に活かしていく姿勢が大切です。

さて、以上が、主にリスクマネジメントの観点からの事業所運営のポイントでしたが、いかがでしたでしょうか。あまりのやるべきことの多さに「うちではできない」と諦めモードになる人もいるかと思いますが、これはあくまで私の考える1つの理想の姿であり、これまで

経験した介護事故や、良いと思った取り組みを全て総合したものですので、完璧にやろうと気負う必要は全くありません。

　もっと気軽に、１つでもできることがあれば取り組んでいくなど、小さな一歩から始め積み重ねてもらえればと思います。

　安心・安全の事業所運営は一日にして成らず。大手でも零細でもリスクを負うことは同じですが、毎日の小さな努力の積み重ねが大きな差に繋がっていくのです。

　次章では、近年の実際に起きた裁判例を見ていきましょう。

第 **4** 章

裁判例

最後に実際の裁判例を
見ていきましょう！

1. 転倒・転落

　介護現場で最も多い事故が、利用者の歩行時の転倒やベッド等からの転落です。

　事故後の金銭賠償等の処理については、事業所が加入する損害保険会社が対応することで大抵示談解決しますが、中には合意が成立せず、利用者家族から提訴されることもあります。

　実際に転倒・転落事故が裁判になったケースを見ていきましょう。

裁判例1　　**訪問介護中の転倒事故**

　　事故基本データ

　・判決日　平成25年10月25日／東京地方裁判所判決／平成24年（ワ）
　　　　　　第14177号
　・原告　利用者の家族
　・被告　株式会社
　・請求金額　2,132万2,000円

　　裁判結果

　・認容額：1,726万2,000円
　・内訳：入院付添費　1万9,500円
　　　　　入院雑費　56万2,500円
　　　　　入院慰謝料　328万円
　　　　　後遺障害慰謝料　1,180万円
　　　　　弁護士費用　160万円

当事者プロフィール

・利用者プロフィール

　とも子（仮名）　昭和 3 年生まれ（事故当時82歳）　要介護度 5

・事業所プロフィール

　介護保険法に基づく居宅介護支援事業等を目的とする株式会社であり、在宅介護サービスや入居施設サービス等を提供している。

事故に至る経緯（判決文の記載を一部編集・要約しています）

　平成22年 8 月12日に訪問介護契約を締結。

　被告の株式会社で働く介護士田川（仮名）は、平成22年10月22日、とも子に対し、人工透析のためにその自宅と医院との間を送迎する通院介助サービスを提供した。

　介護士田川は、その際、医院に向かうために自宅の玄関の上がりかまちの上に立っているとも子に靴を履かせた後、とも子に対しそのままの状態で待つように指示をしてその場を離れ、玄関から外に出た。

　とも子は、介護士田川が玄関の外に出ている間に転倒し、玄関土間に転落した。

　とも子は、本件事故により左大腿骨頸部内側骨折の傷害を負い、平成24年 7 月 8 日死亡した。

判決文ハイライト（判決文の記載を一部編集・要約しています）

　「被告は、とも子本人及び原告からとも子の状態を詳しく聴き取り、とも子の歩行、立位時には転倒に注意し、常時見守りが必要である旨記載した介護計画手順書を作成していたことからすれば、介護士田川は、とも子が歩行時及び立位時に転倒する恐れがあることを認識していたものと言える。

　これに加えて、介護士田川は、本件事故に至るまでに、とも子が自室から玄関まで杖を用いて自立歩行し、上がりかまちの上で立位のまま靴を履いたことも当然認識していたことからすれば、とも子

を上がりかまちの上に立たせたまま車椅子を動かすためにその場を離れてとも子から目を離した場合、その場に戻るまでの間にとも子が転倒する蓋然性があり、とも子が玄関土間に転落すれば重大な傷害を負うことを十分に予見することができたというべきである。

　そうすると、介護士田川は、本件契約に基づく安全配慮義務の一内容として、上がりかまちに立っているとも子から目を離す際には、とも子を一旦上がりかまちに座らせるとか、とも子の家族に一時的に介添えの代行を要請するなど、とも子が転倒することを防ぐために必要な措置を執る義務を負っていたものというべきである。

　それにもかかわらず、介護士田川は、とも子を上がりかまちに立たせたまま玄関の外に出てとも子から目を離し、何らとも子の転倒を防ぐ措置を講じなかったのであるから、被告には本件契約に基づく安全配慮義務違反があるというべきである。

　これに対して、介護士田川は、その陳述書及び証人尋問において、とも子が、本件事故の際、自立歩行する能力を有し、玄関脇の下駄箱に両手をついて安定した立位を保持していたから、車椅子を動かす間にとも子が転倒することは予測できなかった旨陳述する。

　しかしながら、前記認定事実のとおり、とも子は杖や手すり等を利用することで初めて立位を保持することができるという状態であって、本件事故時には、下駄箱の上に右手を置いて立っていたというにすぎない。

　しかも、とも子が立位を保持することができる時間は、30秒から1分ほどの短い時間でしかないのに、とも子は、本件事故の際、自室から玄関まで歩行し、上がりかまちの上で立位のまま靴を履いたのであるから、介護士田川が玄関の外に出てとも子から目を離すまでに、既にとも子が立位の状態で相当程度の時間が経過していたというべきであり、そうであれば、とも子がその後も下駄箱の上に手を置いた状態で転倒の危険がないといえる程に安定して立位を保持できたとは考えられず、介護士田川の前記陳述は採用できない。」

116

最初から衝撃的な裁判事例ですね！　1,726万円とは…正直、高すぎると思うのですがこれが当たり前なのでしょうか？

たしかに、これから紹介する事例の中では、高額の部類に入ります。転倒による損害は通常「骨折」止まりで、死亡に至ることは稀です。そのため裁判になっても、誤嚥による死亡事故ほど賠償額が高額になることは通常ないといって良いのですが…本件は例外的ですね。私の中の、それぞれの事故に関するおおよその賠償額のイメージは次の通りです。

> 転倒→骨折　100〜800万円
> 誤嚥→死亡　1,000〜2,000万円

●訪問介護でも事故は起こる!?

うちは訪問介護事業所ですが、確かに本件のような事故が起きることもあります。施設ほどではありませんが。

訪問介護は基本的にマンツーマン体制で利用者を見るため、典型的な「目を離した隙に転倒」ということは起こりづらいですね。また利用者にとっても「勝手知ったる我が家」ですから、バランスを崩しても掴まる場所があるなど、転倒を予防しやすい環境です。

なるほど、だから事故になりづらいということですか。

はい。もっとも、だからこそ油断は禁物です。こうして現に大事故が起き、さらにその事故が裁判になっていますから。

本件は、数少ない訪問介護の転倒事故裁判事例の中でも高額の賠償命令となっているため、事業所にとっては「訪問系事業所とて例外ではない」ということが身に染みて実感できるという意味で好例と言えるでしょう。

●介護計画手順書を甘く考えない

Aさん　本件では、なぜ事業所に責任があるとされたのですか。

外岡先生　判決では、介護計画手順書の記載内容中、「とも子の歩行、立位時には転倒に注意し、常時見守りが必要である」という部分が重視されました。
「常時見守り」とされていたにも関わらず、介護士の田川さんは、とも子さんを上がりかまちの上に立たせたまま、車椅子を動かすためにその場を離れるという危険な状態を放置していた、という点に責任があるとしたのです。

> **本件から引き出せる教訓**
> 計画書に書く内容は慎重に

Aさん　うーん、私はこういう状況も現場ではあることなので、介護士の田川さんの気持ちがよく分かる気がします。別に田川さんも、リスクを甘く見てその場を離れたということでは必ずしもないと思うのですよね。

外岡先生　確かに、この田川さんの判断は現場の感覚では「よくあること」であり、利用者のとも子さんの体力が回復していく中で、むしろ立った状態を保持してもらう方が筋力強化にな

り、また立つことも十分可能であったということも考えられるところです。

そうなんです、でもやっぱり結果から見ると、利用者を一人にしておくべきではなかった、ということになるのですね。

本当に、この転倒さえなければ…と悔やまれますね。いざ本件のように転倒事故に繋(つな)がってしまうと、何も申し開きできないというのが厳しいところなのです。

📖　もっと詳しく！　解説

●介護計画を立てるときの注意点

　裁判所は必ずしも現場のことをよく理解した裁判官が担当するとは限らないので、どうしても理屈で判断し、「計画を立てた以上、その通りに実践しない中で事故が起きたのであれば責任がある」と判断する傾向があります。この点に、現場と裁判の間の一番のギャップがあると言えるでしょう。

　事業所としては、まずアセスメントシートや介護計画手順書の記載に慎重になり、確実に現場が実行できることに留め、かつ実際にとるべき手順をなるべく具体的に記載することが重要となります。例えば次のような記載方法は命取りと言えるでしょう。

「常時見守りが必要」
「転倒に注意」
「歩行時、立ち上がり時に見守りが必要」

これらは、理屈上は分かっていても人員配置の都合上、あるいは訪問介護であっても何かしら緊急事態等によりその場を離れることがあり、コンマ1秒も目を離さないということが不可能である以上、「現場に無理を強いている」ことと変わらないのです。もちろん、だからといって「現場職員の負担を軽減すべく見守りのことを一切書かない」、というのでは本末転倒なのですが、少なくとも計画を立てるときは、「現場ではどのように実践するか」を常に念頭に置くべきと言えます。

●言葉の意味をよく理解して

　また、細かい話ですが、「見守り」と「付添い」は違います。当たり前ですが、「付添い」の方が「見守り」より義務の程度としては重いのです。そこを意識して使い分けることができているでしょうか。本当は見守りで十分な利用者に対して、付添いを求めると職員は歩行の都度つきっきりで利用者の傍らにいなければなりません。訪問介護であればまだ可能かもしれませんが、施設では他の利用者の見守りが手薄になり、かえって事故の原因となります。その利用者が「転倒の可能性はゼロではないけれど、常時体を支え付き添う必要まではない」場合には、「見守り」とすれば十分でしょう。

　なお一般に「見守り」とは、「利用者がバランスを崩し転倒等の事故を起こしそうなときに、即座に体を支えられる距離で離れて見守ること」を意味します。もし転びかけても近くで支えられないのであれば、見守る意味もありません。

❗ 対応相手別！ワンポイントアドバイス

（1）事故現場に居合わせた職員に対して

●離れた時間を意識して

　本件のように「ちょっとだけなら大丈夫」と思い、利用者のそばを離れたところ事故になったようなケースでは、「具体的に何秒間利用者から目を離し、距離的にはどの程度離れていたかを意識して振り返り、できるだけ正確に記録しておく」ことが重要です。

　突然の思わぬ事故で気が動転してしまうこともあるかもしれませんが、後に裁判になると、この「何秒間目を離していたか。その間何をしていたのか」という事実が非常に重要になってくるのです。裁判までいかずとも、損害保険会社に保険が下りるか否かを判断してもらう際に必須の情報となります。

　これは誤嚥の場合でも同様であり、「利用者から目を離している間に窒息し、顔を見たときに異変に気付いた」というパターンが多いところ、家族から「何をしていたのですか、すぐ気付かなかったのですか」と問われたときに、「他のご利用者もまんべんなく歩きながら観察していたので、15秒ほど目を離していました」等と確証を持って説明できるようにしたいものです。

（2）現場の管理者（上長）の対応として

●現場職員に正確な聞き取りと記録を！

　本件裁判では、事故後にとも子さん本人が「自分の判断で動いてしまった」と介護士の田川さんに対して発言した、という事実が事業所側から主張され、その真偽が争われました。

　しかし結論として、裁判所はこの主張を認めませんでした。それは

裏付けとなる証拠がなかったからです。

　とも子さんの「発言」が記載されていたのは、事情聴取を行い作成された事業所内部のヒアリングシートのみ。事故発生後に作成された事故レポートや、区に提出した事故報告書にはそのような記載はなかったのです。

　これでは、たとえとも子さんの発言が本当にあったものだとしても、裁判では認められません。行政に提出するような公的な書類ほど、証拠としての重要性も増すと認識しておきましょう。

　もし3つのレポートに同様の記載があり統一されていれば、圧倒的に信憑性は増していたことでしょう。

　とは言っても、事故直後は事故の当事者である職員本人もショックを受けているはずです。管理者や上の立場の人が、落ち着かせ、なるべく記憶の新しいうちに事故当時の詳細・正確な情報を聞き出すことが重要です。はじめのうちは、管理者自身も事故対応に動揺することもあると思いますが、管理者として冷静に状況を見極め、「次にすべきことは何か？」を判断していくことが非常に大切です。

（3）事業所全体として

●介護計画手順書の意義・使用する言葉の意味などをおさらいしよう

　この判決で責任認定の決め手とされたのは「介護計画手順書の記載内容」と「実際の行動」の違いです。

　介護計画手順書には長期目標・短期目標を記載する欄があります。その目標達成に向けて、どのような支援が必要かを記載するものですから、目標が達成されれば、本来は当然、計画書の更新が必要となります。

　本件についても、田川さんの言う通り、とも子さんが自立歩行能力を持つ状態にまでなっていたのなら、速やかに介護計画手順書にそれ

を反映すべきだったと言えるでしょう。

　経験豊富な介護職員からすれば、"書き慣れたもの"かもしれませんが、"計画書に書いたこと＝実行しなければならないこと"であることを改めて職員全員で確認し、認識を新たにすることが必要です。事業所職員全体の研修などで、改めて周知し考える機会を持つと良いでしょう。

介護老人保健施設での認知症利用者の転落事故

　続いては転落事例ですが、転落には主にベッド等の低位置からの転落と、窓から飛び降りる・落ちるという場合の 2 パターンがあります。今回は後者のケースを紹介します。

事故基本データ

・判決日　平成28年 3 月23日／東京高等裁判所第23民事部判決／平成26年（ネ）第5371号

・原告　利用者の家族

・被告　医療法人社団

・請求金額　3,532万1,223円

裁判結果

・裁判結果：2,934万4,491円

・内訳：治療費　　 9 万9,632円

　　　　葬儀費用　150万円

　　　　死亡慰謝料　2,000万円

　　　　逸失利益　504万4,860円

　　　　弁護士費用　160万円

当事者プロフィール

・利用者プロフィール

　一郎（仮名）　昭和 2 年生まれ（事故当時84歳）　要介護度 2

　平成24年 7 月 5 日付けで施設への入所申込みがされた。入所動機として「今までに数回、夜間、外に出てしまうこともあり 5 月には警察・市役所（放送）にもお世話になり、ショートステイをお願いしても泊まることもできません。せめて、月に 1 回でも泊まることができれば、良いのですが…」との記載がある。また、診療情報提

供書には「認知症がひどく入院継続困難」との記載があり、「認知症高齢者の日常生活自立度判定基準」は「Ⅳ」（認知症による症状・行動が頻繁にみられ、常に介助を必要とする状態）とされている。

・事業所プロフィール

法人の運営する施設は認知症専門棟を持つ介護老人保健施設である。事故の起きた建物は 3 階建てで、認知症専門棟は 2 階にあり、その角部分に食堂がある。

食堂は、その出入口部分に扉が設けられており、通常午後 8 時頃には施設職員による見守り範囲を限定する趣旨で施錠されていたが、事故当時は、食堂内のテレビを見る利用者が 1 人いたことから、施錠されていなかった。ただし、食堂の照明は、テレビのある出入口付近のものは点灯していたが、本件窓がある奥側の照明は消灯していた。

窓には、片開きで75mm（両開きで150mm）以上は開かないようにストッパーが設置されていた。窓の外の壁面には、雨どいが屋上付近から地上まで通っている。

事故に至る経緯

一郎は、平成24年 7 月18日から同月26日まで施設内の認知症専門棟に入所、一度退所したものの、同年 8 月 3 日から10日までの予定で再度入所することとなった。

入所当時から帰宅願望が強かった一郎は、同年 8 月 7 日、施設 2 階の認知症専門棟や居室から出るなどを繰り返していたが、午後 7 時過ぎには落ち着いた様子だったため、職員は様子を見ることとした。その後 8 時過ぎまでは認知症専門棟内にいることが確認されていた。

ところが、同日午後 8 時15分頃、一郎に就寝を促そうとしたものの所在が分からなかったことから、施設職員による一郎の所在確認が始まった。しかし、一郎を発見することができないでいたところ、午後 8 時35分頃、玄関のインターホンによる通報を契機に、施設 2

階の食堂下にある植え込みに倒れている一郎が発見された。一郎は食堂の窓から外に出て、雨どい伝いに地面に降りようとして落下したものであった。

　一郎は、救急車で病院に搬送され、その後総合病院に転送されたものの、8月8日、骨盤骨折を原因とする出血性ショックにより死亡した。

判決文ハイライト

　「本件窓に設置されたストッパー※（以下、「本件ストッパー」という）のうち上部に設置されたものは、横框に接すべきゴム部分が、本件左固定窓のサッシ部に接着するのではなく、その手前の溝の壁部分に接する状態となっており、接着ゴム面の幅は1cm程度でしかなかった。また、本件ストッパーのうち下部に設置されたものは、本件左固定窓の下側の横框の高さが低いため、接着ゴム面の幅は1cmに満たない程度でしかなかった。

　そして、本件ストッパーを上下に設置した状態で本件窓を開放しようとした場合、窓をストッパーに接着させた状態から押し開けようとすると開放は困難であるが、本件窓を本件ストッパーから離した状態から、窓をストッパーにコツコツと当てていくと、慎重にきつく本件ストッパーを設置した直後であっても、本件ストッパーが容易にずれていき、クレセント錠が掛けられた本件右引き窓と本件窓との間に大人が通り抜けられる程度のすき間が、ごく短時間で開けられる。

　…認知症（認知症症候群）は、何らかの疾患により脳の働きに障害が生じた状態の総称であり、代表的な周辺症状である徘徊は、患者自身が、見当識障害等の中核症状のため、自分がいるべき場所にいないという認識を抱き、そのため、本来の居場所に帰ろうとする行動と理解されており、帰宅願望を示す心理もこれと同様のものであることから、一般的な帰宅時間である夕方から夜にかけて帰宅願望が強まることが知られている。

　したがって、帰宅願望を示す認知症患者に対しては、できるだけその願望を受け入れた見守り、誘導等をするのが相当であり、願望に基づく行動を無理に制限すると、かえって「閉じ込められた」と認識して、より強硬に帰宅願望を実現しようとする危険があると考えられている。

　本件窓は、被控訴人が所有し占有する被控訴人施設の建物の一部であるから、民法717条1項の「土地の工作物」に当たる。

　上記認知症に関する一般的知見に照らせば、認知症患者の介護施設においては、帰宅願望を有し徘徊する利用者の存在を前提とした安全対策が必要とされ、上記のような利用者が、2階以上の窓という、通常は出入りに利用されることがない開放部から建物外へ出ようとすることもあり得るものとして、施設の設置又は保存において適切な措置を講ずべきであると言える。

　本件窓の下にあるキャビネットは、高さが約80cmで奥行きが約45cmであり、認知症ではあるが運動能力には問題のない利用者であれば容易に上ることができ、上ってしまえば、本件窓に開放制限措置がとられていなければ窓から体を出すことが容易な構造となっていると言える。被控訴人施設においては、このような構造の有する危険性を認識し、上記措置の趣旨として、本件食堂の窓につき、併せて最大150mm程度しか開放されないように制限しようとしたものと認められる。

　ところが本件ストッパーは、本件窓をコツコツと特に大きな力によることなく当てることにより容易にずらすことができ、ごく短時間で大人が通り抜けられる程度のすき間が開けられるというのである。このような本件ストッパーのずらし方は、帰宅願望を有する認知症患者が、帰宅願望に基づき本件ストッパーの設置された窓を無理に開放しようと考えた際、思いつき得る方法と認められる。

　そして、本件ストッパー※の包装紙に印刷された取付方法及び使用方法によれば、中間止めは本件ストッパー※の製造業者が想定した使用方法ではないと認められ、また、横框に接すべきゴムの一部

しか横框ないしこれに代わる場所に接着しなければ、摩擦力が想定より低下し、ロック機能の低下に繋がることは容易に認識し得るところである。

　上記事情を考慮すれば、本件窓について本件事故当時設置されていた本件ストッパーによる開放制限措置は、認知症専門棟の食堂にあり、上記構造を有する窓の開放制限措置としては不適切で、通常有すべき安全性を欠いていたものと認めるのが相当である。」

　　※　判決文では商品名を明記

Cさん　うちは特別養護老人ホームですが、その中でショートステイもやっているためこの事件は他人ごとではなく、怖くなりました。帰宅願望の強い利用者がいるのは当たり前ですが、確かに本件のように体力が思いのほか残っていて、「まさか」と思う経路で脱出されてしまうことがあります。

外岡先生　脱出、徘徊だけで済めばまだましなのですが、本件のように高いところから転落し、結果的に亡くなられてしまうと大問題となります。

●窓や玄関の施錠は身体拘束にあたる？

Cさん　それにしても、施設側からみると厳しい判決ですね。介護施設は病院と違い利用者を拘束することができず、基本的に窓や玄関も開閉できなければ身体拘束になってしまうのですが…。

外岡先生　その点については施設側（被控訴人）も、「窓を施錠し利用者が自由に開けることができないようにすることは、身体拘束等に該当する可能性がある」と裁判上で主張しました。

しかし判決では、「そもそも、本件窓は、外部にベランダ等があるわけではなく、外部との出入りが元々想定されない構造となっているのであるから、その出入りを不可能とするような開放制限措置をとったからといって、身体拘束と評価すべきものとは解されない。…したがって、被控訴人の上記主張は採用することができない」とはね付けられています。

なるほど、そもそも外部に出入りすることが想定されていたか否かで判断するのですね。言われてみればその通りかもしれませんが…。でも先生、こういう場合はどうなんでしょう。「利用者の入居する居室の窓が掃き出し型になっていて、地続きでベランダに出ることができ、そのベランダの柵を利用者がよじ登り脱出しようとして転落した場合」は…。

建築基準法の要件を満たしていれば、他に厚生労働省等から制限は課されていないため、法的には問題ないと言えるでしょう。そしてこれは全国一律の基準です。そのような環境で転落事故等が起き提訴されたとして、もし施設側に責任ありとされたなら、全国の施設がそのようなベランダを廃止しなければならず、大変な騒ぎになります。裁判というものは結果論であり、それまで誰も意識していなかった危険が現実化し訴えられると、途端に「実は問題だった」と指摘されるという不条理な側面があるのです。もちろん、被害が生じたことは確かですから、相応の再発防止策は必要となるのですが…。事故防止の意識が行き過ぎると、それこそ閉鎖的な病棟のようになってしまい、生活の場としての介護施設の在り方が否定されかねません。

●法令から本件窓の問題点を探る

Cさん

本件では、問題となった窓が「民法第717条第1項の「土地の工作物」に当たる」とされていますね。工作物とは何でしょうか。

外岡先生

工作物とは土地の上に人工的に設置された物を言い、建物や道路などが代表的です。元となる条文を見てみましょう。

民法第717条

　土地の工作物の設置又は保存に瑕疵（かし）があることによって他人に損害を生じたときは、その工作物の占有者は、被害者に対してその損害を賠償する責任を負う。ただし、占有者が損害の発生を防止するのに必要な注意をしたときは、所有者がその損害を賠償しなければならない。

2　前項の規定は、竹木の栽植又は支持に瑕疵がある場合について準用する。

3　前二項の場合において、損害の原因について他にその責任を負う者があるときは、占有者又は所有者は、その者に対して求償権を行使することができる。

※　「瑕疵」とは「工作物が本来有しているべき安全性を欠いていること」をいいます。

Cさん

本件では、利用者が転落した窓が「本来有しているべき安全性を欠いている」ため、施設側に責任ありとされたということですね。

外岡先生

その通りです。窓の完全開放を防止するために取り付けられ

ていたストッパーは、実は容易にずらしすき間を開けられると認められ、それでは何も付けていないのと一緒ではないか、危ないではないかと指摘されたということです。

うーん、それでもやっぱり釈然としないというか…。正直、このストッパーの使い方は割とどの施設でも見られる一般的な使い方だと思うのですが。

実はその点も争点になっており、施設側は今回使われていたストッパーについて、「中間止めとして社会福祉施設等で広く一般的に利用されている」と主張しました。ところが判決では「一般的な利用形態を認めるべき証拠がない上、仮に中間止めとしての利用が一定程度行われているとしても、その利用場所、利用の趣旨、目的等により適否は異なり得るのであり、他の施設で利用されているからといって直ちに、本件の結論が左右されるものではない」と一蹴されています。

厳しいですね。「よそもやっているから問題ないはずだ」という主張は、いざ裁判になると通用しないのですね。

そう思っておいた方が良いでしょう。むしろ素人的な視点で、一つひとつ施設内の隠れた危険を再点検していく意識が必要であると言えます。

> **本件から引き出せる教訓**
> 「よそもやっているから」は言い訳にならない

📖 もっと詳しく！ 解説

●賠償額の評価は何で決まるか

　介護事故は、被害に遭った利用者がその事故の結果亡くなるか、あるいは存命するかという違いで賠償額の評価も大きく変わります。本件は前者の場合でしたが、利用者が死亡すると「死亡慰謝料」というものが加算され、本件では実に2,000万円が認められています。

　この点につき判決では「本件事故の態様のほか、本件事故当時の一郎さんの家族状況、一郎さんの年齢（84歳）、一郎さんは認知症患者であったが、運動能力の面では年齢相当を超える衰えがあったことをうかがわせる証拠はないこと、その他本件に現れた一切の事情を考慮すれば、一郎さんの死亡慰謝料額は2,000万円と認めるのが相当である」と判示していますが、私としては、非常に雑駁な認定であり、根拠が乏しい中であまりに高額な慰謝料をポンと認めてしまっているという印象を受けました。

　日本ではアメリカ等と異なり、いわゆる懲罰的損害賠償（加害者の行為が強い非難に値すると認められる場合に、裁判所または陪審の裁量により、加害者に制裁を加え将来の同様の行為を抑止する目的で、実際の損害の補填としての賠償に加えて、上乗せして支払うことを命じられる賠償のこと）は認められていないはずなのですが、これでは施設に対する懲罰的な慰謝料認定であると言われても致し方ないのではないでしょうか。介護事故の慰謝料につき明確な基準は存在しないとはいえ、職員がわざと窓を開け放っていた訳でもないのに、本件の事故態様でこの額は、不相当であるように思います。

⚠ 対応相手別！ワンポイントアドバイス

（1）事故現場に居合わせた職員に対して

●死亡事故では心のケアを一番に

　本件のようなショッキングな事故類型では、特に職員の心のケアが重要になります。場合によっては数日休ませるなどして様子を見る必要もあるでしょう。

（2）現場の管理者（上長）の対応として

●家族には事態を正確に伝えよう

　現場職員に対しては、本件を教訓としてどのような指導ができるでしょうか。

　本件がどのような経緯で訴訟に至ったかは判決文からは明らかではありませんが、実際に私が経験した転落ケースでは、第一発見者である職員が家族に対し「お母様が地面に倒れられている。今から救急搬送します」と告げてしまい、それを聞いた家族は「大した事故ではなく、転んだのだろう」と思い込み病院に向かったところ、変わり果てた利用者の姿を見て余計にショックを受けた…ということがありました。

　あまりに衝撃的な出来事なので冷静な対処は難しいかもしれず、また家族への報告時には残酷な事実を告げること自体ためらわれることもあることでしょう。しかし、やはり現場職員の心構えとしては一次報告での説明不足が利用者家族を混乱させることがあるのだということを頭の片隅に置き、万が一転落事故に遭遇したときはとりわけ冷静に対処する必要があります。

　家族に対しては「お母様が地面に倒れられているところを発見しま

した。損傷が激しく、窓から転落された可能性もあります」等とできるだけ正確に状況を伝えるようにすべきです。

（3）事業所全体として

●利用者の身体能力を過少評価せず、隠れた危険をあぶり出そう

　ベランダの手すりを乗り越え転落死したケース以外にも、私が実際に相談を受けた事件として、ショートステイの建物で職員の出入りする事務室のドアが施錠されておらず、利用者がその部屋の窓から玄関のひさし部分に出てしまい、そこから飛び降りたということがありました。これなどは、「まさか職員の部屋に利用者が立ち入ることはないだろう」という勝手な思い込み、油断が原因であったと言えます。

　このように、利用者の在り方を決めつけ、身体能力の過小評価等から、思わぬ大惨事を予期できなかったということが現場ではしばしば見受けられます。本件でも、周りに何もなければ窓から脱出することは難しかったとしても、何か足掛かりになるものが置いてあれば格段に登りやすくなるなど、「もしこうやって脱出しようとしてしまったらどうしよう」という心配性の目で窓周りから施設の体制を確認する作業をすべきと言えるでしょう。

裁判例 3　　有料老人ホームでの転倒事故

　本件は介護付き有料老人ホームでの転倒事故事例ですが、結果的に施設側に責任はないとされています。何が判断の分かれ目となったのか、探っていきましょう。

....

事故基本データ

・判決日　平成28年 8 月23日／東京地方裁判所判決／平成27年（ワ）
　　　　　第19572号
・原告　利用者本人
・被告　株式会社
・請求金額　1,105万1,942円

裁判結果

・認容額：請求棄却（ 0 円）

当事者プロフィール

・利用者プロフィール

　よしえ（仮名）　昭和 2 年生まれ（事故当時87歳）　要介護 1 （事故当時）

　よしえは長年息子夫婦と同じ敷地内の別棟の建物で居住していたが、平成25年 4 月20日、要支援 2 の認定を受け、週 2 回デイホームに通所するようになった。同年 7 月 1 日には要介護 1 の認定を受け、訪問看護を受けるようになった。

　左膝関節症、右足関節症、外反母趾等の身体症状や認知症があり、転倒や、よろめいてケガをしたこともあった。

　よしえの日常生活の世話は息子夫婦が行っていたが、妻の体調不良やよしえの物忘れがひどくなったことから、家庭内で介護をすることが困難となり、施設入居を検討することになった。

・事業所プロフィール

　介護付き有料老人ホームを運営する株式会社。

事故に至る経緯

　よしえは、被告との間で、平成26年2月25日、本件各契約を締結し、翌26日から4415号室（以下、「本件居室」という）に入居した。

　よしえは、同年5月12日午後0時55分頃、本件施設4階リビングにおいて、立ち上がろうとしたところ転倒した。転倒事故発生当時、施設4階には職員が2名いたが、リビングで食事をしていた入居者のうち、移動に介助が必要な入居者をそれぞれの居室へ移動させていた。

　職員らは、同時55分頃、リビングからドンと音がしたことから、ただちに本件リビングに向かったところ、よしえが床に倒れている状況であった。よしえは職員に対し、「トイレに行こうと立ち上がったところ、足を滑らせ転倒した」と述べた。左大腿部の痛みと脱力感を訴え、立てなかったことから、よしえを病院に搬送し検査をしたところ、左大腿骨転子部骨折の事実が判明し、同日から同年6月9日まで28日間入院し、同月13日から平成27年2月21日まで通院した（全治療日数11日）。

　よしえは、本件転倒事故後の平成26年6月30日、要介護3と認定された。

判決文ハイライト（強調処理は筆者）

　「よしえは、本件転倒事故当時87歳であり、自宅で生活していた平成25年6月には転倒して顔面を強打して病院に運ばれたことや、2年ほど前にも自宅で起き上がった際によろけてガラスにぶつかり、11針を縫うケガをしたという出来事があり、本件転倒事故当時、脳血管性認知症と診断されていたが、失禁衣類をしまってしまうことや帰宅願望があるほかは、会話による意思疎通は可能であり、本件施設において、個室で日常的な起居を自ら行い、食事、排せつ、衣

　服の着脱等も自立で行っており、運動等レクリエーション、食事、排泄のための移動場面においても、一人で歩行していたことが認められる。

　また医師作成の居宅療養管理指導書には、平成26年5月に至り、転倒に留意すべき旨の記載がなされているものの、その根拠となる具体的な事実の記載はなく、本件施設職員による観察及びその分析、情報共有の結果によるも、よしえの問題としては失禁時の対応や帰宅願望への対応が中心であり、歩行能力について格別具体的な問題は観察されず、本件各契約締結後、本件施設においてよしえが転倒したことはないほか、入所オリエンテーション時及びその後の連絡や面会の機会において、よしえの家族からは転倒に対する具体的な不安は聞かれていない。

　また本件転倒事故が発生したのは、よしえの帰宅願望が高まり、施設内を徘徊していたなどの機会ではなく、昼食後、他の入居者と雑談をして比較的落ち着いて過ごしていた時間帯に、被告職員が他の介助が必要な利用者を居室に送り届けていた際に、よしえがトイレに移動しようとして発生したというものである。

　以上の事実によれば、被告職員において本件転倒事故を具体的に予見することは困難であったと認められ、本件転倒事故は被告の安全配慮義務違反によって生じたものとは言えない。したがって、よしえの債務不履行または不法行為に基づく損害賠償請求はいずれも理由がない。」

Bさん　転倒では大抵事業所に責任が認められると思っていましたが、こういうこともあるのですね。

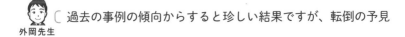

外岡先生　過去の事例の傾向からすると珍しい結果ですが、転倒の予見

可能性を精緻に検証しており、結論としても妥当であると思います。

医師の指導書に「転倒に留意すべき」と書いてある以上、転倒させたらもうアウトなのかと思いましたが…。

そこが本判決の判断で一番評価できる部分かと思います。医師の指示だからといって、漠然とした「留意」という対応を現場で実現することは不可能ですから。いざ事故が起きれば結果論として責められてしまう。一方で転倒予防のための拘束はできない。職員の数も不足している。まさに無理難題ですね。

● できる限り具体的な記録を！

今回の裁判では、施設に責任なしとされたポイントは何だったのでしょうか。

ずばりキーワードは「具体的」です。先の判決文の強調部分に注目すると、具体的という言葉が繰り返されていますね。第3章で説明した通り、賠償責任が認められるには「過失」が認定されなければならないところ、これを基礎づける要素は「予見可能性」でした。この予見可能性というものは、本来具体的に予見できるものでなければならないのです。

「転倒」と一括りにするのではなく、「リビングで、トイレに行こうと立ち上がり転倒」のように特定する必要があるわけですね。

その通りです。言うまでもなく、利用者の転び方やシチュエーションは千差万別です。「この場面での転倒には十分注意していたが、まさかこんな形で転ぶとは思わなかった」という場合には、やむを得ない事故だったので施設に責任はない、とされることも十分あり得るということです。

それを聞いて少し安心できました。でも先生、ということは、もしこちらが具体的に事故を予測すればするほど、責任が重くなるということになるのでしょうか？

実は、残念ながらそうであると言わざるを得ません。本件でも、もし事前に職員が「トイレに移動しようとして立ち上がる際に転倒しやすいので、注意する」等とはっきりその具体的可能性を認識して計画等を作成していたのであれば、「事故は予見可能だった」と認定されていたかもしれません。その意味では、大枠となる考え方としては「細かく配慮すればするほど、何か起きたときの責任が認められやすい」と言えるでしょう。もっともこれは介護事故に限られたことではなく、医療の現場等でも構造は同じなのですが。

利用者に良かれと思って配慮したことが、いざ責任追及されると裏目に出るというのは悲しいことですね。

そうですね。ですが第3章で解説した通り、事業所の立場からすれば、最終的には損害保険でカバーされるところ、具体的予見可能性を示す記述が多ければそれだけ保険も下りやすいということになり、訴えられる前の段階で解決することもできる訳ですから、一概に不利になるばかりとは言えないの

です。また、後ほど詳しく説明しますが、普段から詳細な記録をつけるよう心掛けていれば、逆に「書かれなかった」ということ自体がその事実の不存在を指し示すことに繋（つな）がり、裁判所の信頼も増すものなのです。

いずれにせよ、やはりこういった計画や記録の本来の意義は利用者の生命・身体の安全を守ることにこそある訳ですから、現場職員の方々はその原点を忘れず、ただ利用者のためを思い、実務に臨んでほしいと思います。

> **本件から引き出せる教訓**
> 日々の詳細な記録が施設を守る

外岡先生

本裁判では、非常に詳細かつ丁寧に各種記録が検証されており、介護現場の実務上も参考になります。

例えば入所時の家族とのやり取りについては、判決では「同日午前11時過ぎによしえさんの家族が本件施設に到着し、担当職員は午前11時20分から入居オリエンテーションを行い、各種同意書、ケアプランの説明をして生活面、医療関係等についてよしえさんの家族から聴取をした。生活面については、クリーニング、理美容、所持金、買物代行、電話設置予定、おむつ購入、嗜好品、体操等参加、外出、帰宅願望の対応について打合せがされたほか、医療関係については、ジェネリック薬品の希望を聴取し、内服薬等の授受が行われたほか、家族から、ぜんそくのようなせき込みが入居前にあり、アレルギー体質のようであるとの情報が寄せられた」と認定されています。

その記載の裏返し（書かれていない、つまり事実として存在

しない）として裁判所は、「入所オリエンテーション時及び
その後の連絡や面会の機会において、よしえの家族からは転
倒に対する具体的な不安は聞かれていない」と認定したので
す。もちろん、家族が施設に対し転倒の不安を述べていた可
能性もゼロではないのですが、「裁判は証拠が全て」です。
最終的に裁判所が事実と認めたことが真実となるものなので
す。

判決文では明確な証拠の引用は見られないものの、当時家族
と施設長（または相談員）がやり取りをした記録が残ってお
り、それが効果を発揮したものと推測されます。

> **本件から引き出せる教訓**
> 家族対応の記録、特に入所時のアセスメン
> トの記録はできる限り詳細につけておく

外岡先生

日常の介護日誌についても、本判決では次のように細かく検
証されています。

「第 1 回目の 3 月には、失禁した衣類を引き出しにしまって
しまうことがあることが指摘され、入浴担当から見守りでは
なく一部介助しなければ自分からやらない旨指摘がなされ、
第 2 回目の 4 月には、帰宅願望がほぼ毎日聞かれ、1 階に降
りていたり、エレベーターの中で困っていたりするので所在
確認をすべきことが提案されるとともに、失禁した衣類をし
まってしまうことが継続しているとの記載がある。第 3 回目
の 5 月には帰宅願望が日中のみではあるが毎日聞かれること
から所在確認に留意するとともに、気持ちがまぎれるよう他
の利用者と話をしたり、レクリエーション参加をするよう対

応が練られた旨の記載がある」

元より記録は裁判のために取るものではありませんが、いざ
となればこのように裁判所が責任認定の材料として細かく検
討するものなのだ、という意識を持つことも大切です。

📖 もっと詳しく！ 解説

●記録が施設を救う

　裁判所は、利用者側が施設入所時に転倒の不安を述べたことはな
かったと認定しましたが、裁判においてはその点も争われました。完
全に「言った、言わない」の世界です。こうなると記録や関係者の証
言、それ以外の事実との整合性等から裁判所が真実を見極めることに
なります。その他よしえさんはさまざまな主張をしていますが、以下
のようにことごとく裁判では否定されています。強調部分にご注目く
ださい。

〈判決文（抜粋）〉

　「よしえは、被告は本件各契約締結前に被告の営業担当者やケアマ
ネジャーの山田からの情報を通じて転倒の危険性を認識していたと主
張し、証人上野（よしえの息子の妻）も被告営業担当者及び山田に２
回の転倒と外反母趾など足の状態、認知症がある旨伝えたと述べる
が、従前よしえは、山田は被告の営業担当者を通じてよしえの情報を
知っていたと主張していたのであり、証人上野（よしえの息子の妻）
の上記供述部分はこれらの従前のよしえの主張や陳述書の記載と矛盾
しており採用できない。

　また、よしえの家族が被告営業担当者に対し、よしえが自宅で生活
していた際に転倒した事実を話していたとしても、上記の通り、被告
職員はよしえの施設入所後、具体的によしえの状況を観察するととも

142

に、医師の指導書やアセスメント、モニタリングの結果を参考によしえの生活支援を行っていたところ、よしえには入所以来**歩行状態の不安をうかがわせる事実はなく**、本件各契約締結後によしえの**家族から本件施設の職員に対し、具体的に転倒への不安が聞かれた事実は認められない**ことからすると、被告に安全配慮義務違反があったとは認められない。

　また、よしえは、かねてより外反母趾や魚の目があり歩行が不安定であったから、被告にはよしえに対する安全配慮義務違反があったと主張するが、被告職員は、本件施設入所以来、よしえの足の状態や痛みの有無を**観察し、逐次記録化しており**、それらによるも外反母趾や魚の目の存在、治療状況が歩行に影響を与えていた事実は認められず、よしえの主張の事実からただちに被告の安全配慮義務違反を認めることはできない。

　よしえは、入居契約書の第10条第2項第7号を根拠に見守り、被告職員には付添いの申出義務があると主張するが、上記規定は、被告職員が支援等の申出をしたにもかかわらず、入居者が単独行動をした場合に被告が免責されるとするにとどまり、同規定の存在からただちに被告のよしえに対する見守り義務や付添いの申出義務の存在を認めることはできない」

❗ 対応相手別！ワンポイントアドバイス

（1）現場職員に対して

●家族とのやり取りも重要な記録事項

　入所時、入所後の全ての計画、記録が重要になります。特に家族とのやり取りは記録化が介護保険制度上義務付けられていないため手薄になりがちですが、意識的に細かく記録していきましょう。

（2）事業所全体として

●転倒の瞬間を見ていなくても、再現写真の撮影を

　本件は転倒の瞬間を職員が目撃したわけではないため、再現をしようにも不可能であるケースです。その場合でも、最初に発見した利用者の体勢を目に焼き付けておき、後から「こんな状態で床に倒れていました」と説明しながら再現することは可能なはずです。発見時の様子からも推測できることは多々ありますので、写真による記録を怠らないようにしましょう。

裁判例 4　ショートステイでの転倒事故

　ショートステイの入居者が転倒し、比較的高額の賠償が認められたケースです。裁判例3の責任なしとされたケースとの違いがなぜ生じたのか、を考えてみましょう。

事故基本データ

- ・判決日　平成29年2月2日／大阪地方裁判所判決／平成26年（ワ）第7324号
- ・原告　利用者の家族4名（妻と3人の子）
- ・被告　社会福祉法人
- ・請求金額　2,549万419円

裁判結果

- ・認容額：991万2,854円
- ・内訳：治療費および入院費　228万106円

　　　　慰謝料　1,300万円

　　　　弁護士費用　75万円

※　4割の過失相殺
（被害者側にも落ち度があったとして賠償額を減額させること）

当事者プロフィール

- ・利用者プロフィール

　太郎（仮名）　昭和7年生まれ（本件事故当時79歳）　要介護2

　平成22年1月20日、身体障害者等級2級（両下肢機能著しい障害2級および両上肢機能軽度障害6級）および第1種身体障害者（バス介護付き）の身体障害者手帳の交付を受けた。

　太郎は自宅では壁伝いに一人でトイレに行っており、何度か転倒したことがあった。家族は、寝ているときと外出で不在にしている

とき以外は転倒しないか太郎を見守っていた。

　平成23年9月30日当時、太郎の意思能力や判断能力には特段の問題はなかった。

・事業所プロフィール

　第一種社会福祉事業等を目的とする社会福祉法人であり、特別養護老人ホームに併設された施設（以下、「本件施設」という）において、在宅要介護者を短期間入所させて介護サービスを提供するユニット型指定短期入所生活介護事業（以下、「本件事業」という）を営んでいる。

事故に至る経緯

　太郎は、平成22年12月20日、被告との間で本件事業（ショートステイ）の利用契約（以下、「本件契約」という）を締結し、1か月につき1週間ないし10日間程度利用していた。

・平成23年9月11日に発生した転倒事故

　太郎は、平成23年9月11日、本件施設で生活をしていたところ、居室のトイレ内で転倒して頭部を打撲した（以下、「9月11日事故」という）。職員は、同日午後6時10分頃、太郎の居室のトイレからナースコールを受けて訪室した際、太郎が洗面所に足を向け居室入口に頭を向けた状態で仰向けになり倒れているのを発見。

　太郎は職員の声かけに対し、「トイレから出て来たら、ふらふらして倒れてしまった。こけた時に頭も打った」と話し、これを見た職員は、太郎が一人でトイレに行っていると判断し、訪室回数を増やして対応することにした。

　太郎は、この事故の後のしばらくは、トイレに行く際ナースコールで職員を呼んでいたが、また一人でトイレに行くようになっていった。職員は、太郎に対してトイレの際にはナースコールを使用するように促したが、受け入れてもらえなかったため、こまめに太郎の居室を訪室していた。

・平成23年9月30日に発生した転倒事故（本件事故）

太郎は、平成23年9月23日から、施設4階の居室で生活していた（以下、「本件居室」という）。

太郎が同月30日午前3時55分頃、ナースコールにより被告の職員を呼んだため、職員が本件居室を訪問すると、太郎がベッドに横たわっており、職員に対して転倒した旨を告げた。

職員が太郎の負傷状況を確認したところ、右額の腫れ、左額の腫れおよび内出血、左前腕部の内出血、右前腕部の内出血および右ふくらはぎの内出血があることを確認した。そのため職員は、太郎の額の腫れている部分を冷やす処置などをしていたところ、太郎の杖がトイレ内に置かれたままになっていることに気が付いた。

職員は、太郎の家族に対し、太郎が転倒し頭部を打撲したことを伝え、その日の朝、太郎を病院に連れて行った。太郎は右急性硬膜下血腫を発症しており、その後2回の開頭血腫除去術を受けたものの、意思の疎通は不可能となり、植物状態に近い状態となった。

同年11月29日に他の病院に転院したが、意識を回復することはないまま、平成26年6月8日に急性硬膜下血腫を原因とした呼吸不全により死亡した。

判決文ハイライト

「被告は、本件事故当時、太郎がナースコールをせずに一人でトイレに行こうとする可能性があること、その際に転倒して頭部に傷害を負う可能性があることを具体的に予見することができたと認められる。さらに、太郎が転倒した9月11日事故から本件事故が発生した同月30日まではわずか20日程度しか時間が経っていないことからすれば、被告は、前記可能性が相当に高いものであると予見することができたと認めるのが相当である。

・離床センサーの設置について

本件事故より前にナースコールを自己判断により押さない者に対して離床センサーを設置することが転倒事故の予防に効果があると学会等で発表され、離床センサーを販売する会社においても転倒予

防の効果がある旨を商品の説明に用いていたことを認めることができる。本件施設に離床センサーが導入されていたことに鑑みれば、被告が、本件事故当時、自らナースコールを押そうとしない患者に対して離床センサーを設置することが転倒予防に効果があることについて知見を有することを期待することが相当と認められる。

そして、太郎は一人でトイレに行けば転倒するおそれが相当程度あるにもかかわらず、被告の職員からの再三の注意も聞かずにナースコールを使わずにトイレに行っていたことが認められる。そうすると、太郎はナースコールを使わなければならないときに使おうとしない者であったといえ、離床センサーを設置することは太郎の転倒予防に効果があったと認めるのが相当である。

また、本件施設には離床センサーの器具が1台保管されており、本件事故当時は使用されていなかったから、被告は、本件居室にその離床センサーを設置することが可能であったと認められる。

そして、太郎にはナースコールを押さずに一人でトイレに行こうとして転倒する危険が存在していたところ、本件居室に離床センサーを設置すれば、被告の職員が、太郎がトイレ等に行くためにベッドから降りようとしていることに気付き、本件居室に駆けつけることによって太郎が転倒しないように見守ることができたのであって、前記危険を回避することができた可能性が高いと認めるのが相当である。

したがって、本件事故当時、被告は、太郎がトイレに一人で行こうとして転倒する危険を回避するために離床センサーを設置することが義務付けられていたというべきであり、離床センサーを設置しなかったことは結果回避義務の違反に当たると認められる。

…以上によれば、被告が、太郎が一人でトイレに行こうとして転倒する危険があることを予見していたにもかかわらず、離床センサーを設置するという結果回避義務を怠ったことは、本件契約に基づく太郎に対する安全配慮義務に違反したものと認められ、被告は、太郎に対して債務不履行責任を負う。」

またショートステイの転倒事例ですね。本件は典型的な転倒事例かと思いますが、こうして裁判で徹底的に争われると、判断が悩ましいですね。2回事故があったようですが、両方とも責任を追及されたのでしょうか？

9月11日の件はあくまで予見可能性を裏付ける事実として主張し、直近の事故である9月30日の事故につき賠償を求める、という構成であるようです。さらに原告である家族は、太郎さんの「死亡」につき責任を問うのではなく、その手前の「植物状態になった」という事実を損害として賠償額を算出しています。

9月30日の転倒以来、回復することなく死に至ったのですから、素直に死亡の責任を問えば良いのではないでしょうか？素人考えですが…。

確かにその方が素直な構成です。しかし請求する側は、その事故によるダメージが死亡に繋がった、という因果関係を明確に証明しなければなりません。そのハードルが高いため、手堅く攻める意図で死亡の手前の状態をあえて損害として構成することがあるのです。

なるほど、ある意味技巧的な構成と言えるのでしょうかね。

それもありますが、本件は、これでもかというくらい論点のオンパレードであると言えます。典型的な転倒事例なので、非常に参考になるケースです。

●太郎さんにも過失責任があった？

通常過失相殺はしないものなのですが、終いには裁判所が珍しく過失相殺を認めていますね。「太郎は、本件事故当時、意思能力には問題がなかったにも関わらず、一人でトイレに行かずにナースコールで被告の職員を呼ぶようにとの被告の職員の声かけを無視して一人でトイレに行こうとして転倒したのであるから、太郎においても、本件事故発生については過失があるというべきである」として、4割もの減額を施しています。

そうか、太郎さんは認知症ではなかったのですね。それにしても複雑な思いです。太郎さんも別に施設に迷惑をかけるつもりで一人でトイレに行こうとしたのではないと思うのですよね。やはり排泄行為で他人の世話になることは最後まで避けたい、というのが高齢者の自然な思いでしょうから。

私もそう思います。プライド云々以前の問題と思うのですが、そのような事情を考慮せず判決文で「職員の声かけを無視」と断定されてしまうと、利用者側としては納得がいかないでしょうね。ここのあたりが、裁判が不毛と言われるゆえんでしょう。

●転倒では珍しい急性硬膜下血腫

転倒というと、大抵は大腿骨骨折程度の被害というイメージでしたが、本件では頭を打ち急性硬膜下血腫という重いダメージを受けていますね。

その点も本件の特徴です。例によって転倒の瞬間は誰も見て

いないのですが、9月30日の2度目の事故のときは、よく体表を調べ頭部を打ったものと判断し、その日の朝に病院に連れて行っており、現場職員の対応は非常に良かったと思います。加えて家族への報告も忘れておらず、初期対応としては十分合格点と言えるのではないでしょうか。これが、もし危機意識の希薄な職員であれば、利用者の「転倒をした」という訴えすら無視して、そのまま朝まで放置ということもあったかもしれません。

Cさん

恐ろしい…。そうなると、家族としてはもう虐待を疑わざるを得ませんね。

●もし夜勤者が派遣社員だったら…

外岡先生

そんなひどいことをする職員などいる訳がない、と思う人もいるかもしれませんが、人間のやることですからそれは分かりません。例えばもし、その夜勤者が派遣職員だとしたらどうでしょう。責任感が薄く、「どうせ自分はここをすぐ去るから、関係ない。面倒ごとには巻き込まれたくない」と思うかもしれません。派遣職員の皆が皆そうであるとはもちろん言えませんが、いずれにせよ派遣の人が事故に関わると、その責任分担が非常に難しくなってきます。

Cさん

それは、派遣業者と派遣先の施設との間での分担、という意味ですか？

外岡先生

その通りです。例えば、派遣職員が付き添い歩行中利用者を転倒させたとして、どちらが通常責任を負うべきと思いますか？

普通に考えれば、その派遣職員が起こした事故なのですから派遣業者ですかね。

残念ながら、基本的には派遣先の施設の責任となります。派遣職員は派遣先の指揮・命令に従い業務を行うという前提があるためです。

なるほど…。でも毎回、100％施設に責任があるというものでもないのでは？

それはそうですね。求償と言いますが、内部で賠償割合を調整し利用者に対し連帯して責任を負うということも考えられます。しかし利用者からすれば、たまたま派遣職員が関わっていようとそれは関係ないことであって、まず施設に対し責任追及することは変わりません。

派遣職員を使うのも大きなリスクと裏腹なのですね。夜勤は人目もない一方で本件のような事故の危険もあるため、緊急時の対応も含め十分指導して現場に入らせるようにしたいと思います。

📖 もっと詳しく！ 解説

　判決文ハイライトで取り上げたように、太郎さんの家族は離床センサーの設置義務を主張しこれが認められましたが、それ以外にもポータブルトイレや、衝撃吸収マットを居室に導入していればケガを防げたはずであると主張しました。しかしこれらは次の通り退けられました。結論としては原告が勝っていますが、裁判というものは全ての論

点が認められるというものでもないのです。

●ポータブルトイレの未設置は回避義務違反に当たるか？

　太郎さんの家族らは、本件居室にポータブルトイレ等を設置すれ
ば、太郎さんがトイレに行くために歩行する距離を縮め、転倒する危
険を回避することができたにも関わらず、施設がポータブルトイレ等
を設置しなかったことは、結果回避義務の違反に当たる旨を主張して
います。

　しかしながら、判決では「仮にポータブルトイレ等を設置したとし
ても、原告にはふらつきによる転倒の危険があったことからすれば、
ポータブルトイレを使用して排泄する際に介護者がいなければ原告が
転倒する危険は排除できない。さらに、本件契約は、「利用者が利用
前の居宅における生活と利用中の生活が連続したものとなるように配
慮」し、「自律した日常生活を営むことを支援する」とされていると
ころ、太郎は自宅においてはポータブルトイレ等を使用していなかっ
たのであり、本件施設において太郎にポータブルトイレ等を使用させ
ることは、自宅での生活との連続性を失わせ、本件契約の目的に反す
ることになると言える。そうすると、被告に対してポータブルトイレ
等を設置することが結果回避義務として義務付けられていたというこ
とはできない」としています。

　強調部分はやや無理がある理屈に思えますが、大要は「ポータブル
トイレを導入したところで転倒の危険がなくなるものではない」とい
うことになります。この考え方は介護現場で転倒予防策を講じるとき
も参考になるものと思います。

●福祉用具を巡る議論は施設側が有利

　「原告らは、本件居室に衝撃吸収マットを敷くことにより太郎の転
倒及び転倒による被害の拡大を防止することが可能であったにもかか

わらず、被告が衝撃吸収マットを設置しなかったことが結果回避義務の違反に当たる旨主張する。しかしながら、衝撃吸収マットは、その段差及び弾性により、==かえって転倒の危険が増大することもあり得るし、転倒の際に頭部が衝突するのは床に限らない==のであって、本件居室の床に衝撃吸収マットを敷き詰めることによって本件事故の発生を防ぐことができたことの==裏付けもない==。そうすると、被告に対して衝撃吸収マットを設置することが結果回避義務として義務付けられていたということはできない」

　強調部分は、被告側が実務的見地から反論したものが採用されたものと思われます。このように具体的な福祉用具を巡り議論になったときは、当該用具の用法やメリット・デメリットを熟知している者が強いと言えるでしょう。

　ただ、「本件居室の床に衝撃吸収マットを敷き詰めることによって本件事故の発生を防ぐことができたことの裏付けもない」と言われてしまうと、結局何をしても事故を予防できたはずである、という確証を得られない以上ムダということになりそうですが…分かったような、分からないような理由付けですね。私としては、詰まるところ裁判所は全体の中でバランスを取るため、1つ、2つの論点で原告を勝たせ責任は認める一方で、その他は否定し賠償額を低額に抑えるという調整を常に行っているものと理解しています。

❗ 対応相手別！ワンポイントアドバイス

（1）事故現場に居合わせた職員に対して

<u>●利用者の異変に敏感に！　夜間は特に注意が必要！</u>

　本件での9月30日の職員の対応は申し分ないものと言えるでしょう。これが普段からのリスクマネジメント研修の成果なのか、はたま

154

たその職員の資質の高さによるものかは分かりませんが、最低限このように利用者の訴えに耳を傾け、異変に気付こうとする観察眼を持ってもらいたいものです。実際に私が顧問先のデイサービスから受けた相談事例で、夜間に転倒し右目がひどく内出血してしまった利用者につき、朝方に看護師が様子を調べたにも関わらず「継続して様子見」と判断してしまい、夕方になって体調が急変、救急搬送し CT 検査したところ、脳内出血が判明したが手遅れとなり亡くなったというケースがありました。看護師でもこのように異変を見逃してしまうことがあるという点で非常に重い教訓となりました。

（2）現場の管理者（上長）の対応として

●アザや打撲箇所なども写真に残す

　現場職員への指導として、利用者の異変観察からさらに進め、もし顔面にアザや打撲の痕が見られるときは、デジタルカメラ等で撮影しておくと良いでしょう。もちろんその写真を無目的に外部に流出させることは許されませんが、発見当時の状況を保全しておくことは重要であり、後から決定的な証拠になることもあります。

　万が一そのケガが職員の暴行によるものであれば、警察やマスコミを巻き込む一大事となります。しかしそこで怖気（おじけ）づいたり、我関せずという態度を取ってはいけません。トップから現場まで、介護事業所には預かった利用者の命と身体の安全を守るという最低限の根本的な義務があるのです。

　「起きてしまったことは仕方がない。ともかく利用者の状態を記録しておこう」という意識で、現場を保全するよう繰り返し指導していきましょう。

　アザや打撲痕だけでなく、褥瘡（じょくそう）に繋（つな）がる可能性のある発赤なども発見し次第、撮影する癖をつけるとなお良いです。

（3）事業所全体として

●なじみの利用者でもアセスメントは毎回しっかり

　転倒は100％防ぐことができない事故類型であるため、本件のようなケースは本当に悩ましいところですが、やはり基本は第3章でも述べた通り「利用者・家族とのコミュニケーション」に尽きます。ショートステイでは環境が大きく変化するため、特に転倒のリスクが高いと言えるでしょう。だからこそ、転倒予防に向けカンファレンスをしっかりと毎回行うことが重要です。

　本件では、施設にあった離床センサーが使われていなかったことが論点となりました。このことを教訓とし、家族と転倒の予防について話し合うときには、最初から「うちの施設には離床センサーやポータブルトイレなど、転倒予防の設備があります。現場としてはこれを導入することで多少は転倒防止に役立つと思うのですが、いかがでしょうか？」等と施設としてできることを示し、積極的に設備や道具の導入について議論されると良いでしょう。

　ショートステイでも、利用回数を重ねてお互い慣れてくると、アセスメントも前回と同じものを流用するなど油断が生じてきます。高齢者の身体・認知能力は日々刻々と変化しています。事業所としては、忙しくとも「急がば回れ」の精神で転倒予防の方策を利用者ごとに、一人ひとり丁寧に検討するよう心掛けましょう。

裁判例5　デイサービス送迎時の転倒事故

　迎えに来たデイサービスの送迎車に、1人の職員が利用者2人を同時に誘導したところ、利用者1名が転倒した事故のケースです。送迎中の事故も裁判トラブルになり得るため注意が必要です。

　　

事故基本データ

・判決日　令和3年10月29日／東京地方裁判所判決／令和元年（ワ）
　　　　　　第11860号
・原告　利用者の家族4名（妻と3人の子）
・被告　株式会社
・請求金額　3,634万5,367円

裁判結果

・認容額：202万121円
・内訳：ふみこの追加介護費用　29万8,653円
　　　　慰謝料　180万円（傷害慰謝料170万円、事故当日に医療機
　　　　関を受診させなかったことによる慰謝料10万円）
　　※　2割の過失相殺
　　　（被害者側にも落ち度があったとして賠償額を減額させること）

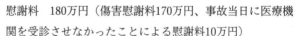

当事者プロフィール

・利用者プロフィール
　みのる（仮名）　昭和2年生まれ（本件事故当時91歳）　要介護3
　平成10年頃、軽度脳梗塞を3回患ったことがあり、平成26年には慢性腎臓病及び糖尿病に罹患していた。また、事故当時は、両方の耳に聴覚障害を有しており、補聴器を使用していた。
平成20年以降、ふみこと二人暮らし。
　事故の1か月前の時点で、デイサービスを利用する際、つえをつ

いての歩行は可能であったものの、つえをついた状態であってもふらついてしまうことがあり、職員の付き添いを受けながら歩行していた。

しかしながら、平成30年1月から本件事故発生までの間、送迎を受ける際、職員から「待っていてくださいね」と言われたにもかかわらず、「大丈夫、大丈夫」と言いながら歩き出してしまう、同年4月頃、職員が止めているにもかかわらず、一人で理髪店に赴こうとする、同月6日「つえは使わない」と言って持参しないといった行動をとっていた。

また、平成29年8月10日、平成30年3月16日及び同年5月4日、自宅で転倒したことがあった。

ふみこ（仮名）　昭和4年生まれ（本件事故当時89歳）
みのるの妻。認知能力の低下により一人で過ごすことが困難な状態。
　送迎を受ける際、職員から待っているように指示をされても従わずに、夫のみのると一緒に行動しようとしてしまうようになっていた。

・事業所プロフィール
　デイサービスを運営する株式会社。
・職員プロフィール
　川田（仮名）　送迎を担当した職員。
　介護福祉士の資格を有し、平成30年1月1日から事業所の管理者を務めていた。平成30年1月1日〜同年の事故日までの間、10回程度、本件利用者夫婦の送迎を担当したことがあった。

事故に至る経緯
　みのるは、平成21年1月27日、被告との間で本件事業（通所）の利用契約を締結し、週1、2回のペースでふみこと共に利用していた。利用契約書には、送迎について「送迎車両に介護従事者が添乗

し、必要な介助を行うとともに、居宅に可能な限り近く安全性のある場所を乗降地点として安全を確保し円滑に送迎を行う」と記されていた。

・本件事故に至る送迎手順の詳細

　通所介護計画書には、「サービス利用上の留意事項」の欄に「歩行時ふらつきあり転倒のリスクが高いため移動時は見守りをする」と記載されていた。

　川田は、事故当日の午前9時頃、みのる宅を送迎のため訪問した。

　川田は、幅員約4mの道路を挟んで本件自宅建物の向かいに所在するトタン波板の壁を有した建物付近に送迎車を駐車し、次の通り、みのる夫婦を誘導した。

　みのる宅から送迎車の駐車位置までの経路は、みのる宅の玄関を出た後、①コンクリート仕上げ通路を通って、②スロープを下って本件自宅建物の出入口に出て、③道路を横断し、送迎車の駐車位置に至るというものであった。その際の付き添い方法は以下の通りであった。

①コンクリート仕上げ通路

　ふみこについては、その手を引いて、スロープまで誘導する。みのるについては、自宅の鍵を閉めてもらった後、介助することなく一人で、つえを使用してスロープの手前まで歩行してもらう。

②スロープ

　川田が片方の手でみのるの手を引き、もう片方の手でふみこの手を引く方法で両名を介助しつつ、一緒にスロープを下って本件自宅建物の出入口に出る。

③道路の横断

　ふみこの手を引きながら道路を横断する。みのるについては、一緒に道路を横断するものの、手を引くことはしない。

・本件事故の発生

　川田は、みのるに対し、「先にふみこさんが車に乗るので待っていてください」と声をかけ、みのるが、トタン波板建物の壁に手を

ついて待機しているのを確認した後、ふみこを送迎車に乗せるための介助を開始したが、ふみこを送迎車に乗せるための介助を続けていたところ、トタン波板建物の壁に手をついて待機していたみのるは、自ら歩き出そうとして一歩踏み出し、後方にふらついて尻もちをつくように転倒した（本件事故）。

・本件事故直後の職員の対応

　川田は、みのるを介助して起こした後、どの辺が痛むのかを確認したところ、「右臀部の辺りが痛む」と言われたものの、同箇所を確認しても傷等が見られなかったこと、みのる自身も「大丈夫だから」と述べていたことから、骨折などの大きなけがではないと考え、そのままみのるを介助しつつ送迎車まで誘導し、乗車させて、デイサービスセンター（以下、「本件センター」という）まで送迎した。

・本件センター到着後の対応

　川田は、本件センターに到着後、本件センターに勤務する看護師と共に、みのるのボディチェックを行った。川田と看護師は、ボディチェックの際、みのるから右臀部が痛いとの申告を受けたものの、目視してみのるの右臀部に発赤や腫れ等が見られなかったため、湿布を貼付して様子を見ることとした。

　本件センターの職員は、午前中は、みのるから、「横になりたい」との申告があったため、みのるを目の届きやすいフロア内のベッドに臥床させて過ごさせ、昼食については、みのるから、起きて食べるとの申告があったため、車椅子に座った状態で食べさせ（午前11時45分頃、みのるをベッドから車椅子に移乗する際、みのるから右臀部の痛みを訴えられた）、昼食後は、みのるから、このままでよいとの申告があったため、車椅子に乗せたまま過ごさせた後、午後4時頃、みのる及びふみこを本件センターからみのる宅まで送迎した（みのる宅において、みのるをベッドへ移乗する際、みのるから痛みを訴えられた）。

・家族への報告

　川田は、午前11時頃、みのるの家族に対し、みのるが転倒した旨

の報告を行ったところ、家族から、「2～3日様子を見ます」と言われた。また別職員は午後4時頃、再度家族に電話をかけたが、応答がなかったため、「送迎の際にも痛みがあったので早めに受診をお願いします」という内容を留守番電話に吹き込んだ。

・医療機関への搬送

みのるは、本件事故の翌日、病院に救急搬送され、右大腿骨頚部骨折との診断を受けて同病院の急性期病棟に入院し、同月11日人工骨頭挿入術の手術を受けた。

みのるは、平成30年9月10日、死亡した。死亡診断書には、直接の死因につき「老衰」、発病（発症）又は受傷から死亡までの期間は4か月、直接には死因に関係しないが直接の死因の傷病経過に影響を及ぼした傷病名等として「右大腿骨頚部骨折」が記載され、「手術」の欄中の「部位および主要所見」として、「右人工骨頭挿入術術後、食欲不振あり。老衰が進行」と記載されていた。

・事故報告

川田は、作成した平成30年5月5日付け事故報告書中、「原因」欄に、「ご本人様歩行にふらつきあり、自宅→車まで1人ずつ誘導するべきであった。又は、添乗付け職員2名体制を考えるべきであった。」等と記載した。

判決文ハイライト

「転倒に関する川田における過失の有無

ア　川田の負っていた注意義務の内容

被告の被用者である川田は、被告の通所介護を提供する業務に従事するに当たり、具体的に予見することが可能な危険について、必要な範囲において、みのるの生命、身体等の安全を確保すべき義務を負うというべきである。

イ　予見可能性

（ア）転倒の危険性

みのるは、本件事故当時、91歳と高齢であり、要介護状態区分で

は要介護3に該当していたところ、つえをついての歩行は可能であったものの、つえをついた状態であってもふらついてしまうことがあり、平成29年8月～平成30年5月4日までの約9か月間に3回自宅で転倒していたことに鑑みれば、本件事故時点において、みのるにおいて、つえをついた状態であっても、ふらつき等の不安定な歩行による転倒の危険性があったと認めるのが相当である。

　そして、本件センターの職員森山（仮名）が本件事故前に作成していたサービスの提供の記録、通所介護計画書及びケース記録には、みのるに関し、つえをついて歩行する際にもふらついてしまう状態であること及び平成29年8月～平成30年5月4日までの間に3回自宅で転倒していたことが記載されていたこと、サービス担当者会議において、「残された課題」として「転倒することが多くなってきているので骨折や頭部打撲等の危険性が高い」ことが挙げられ、森山自身も「歩行にふらつきがあり自宅で何度か転倒している」、「デイサービスではつえで職員が付き添って歩いている」との意見を述べていたこと、川田が本件センターの業務の実施状況の把握その他の管理を一元的に行う管理者であったことからすれば、川田は、転倒の危険性について具体的に認識していたと認めるのが相当である。

（イ）みのるの理解状況

　また、みのるは、川田から「待っていてくださいね」と言われたにもかかわらず、「大丈夫、大丈夫」と言いながら歩き出してしまう等の行動に出ており、本件事故当時、自身に転倒の危険性があることについて十分に理解できていなかった。

ウ　結果回避義務違反

　前記イの川田の認識を前提とすれば、川田は、みのるの生命、身体等の安全を確保すべき義務の具体的な内容として、みのるを送迎するに当たっては、みのるが歩行する際にはできるだけ付き添うようにする、仮に1名の介護者で2名（みのる及びふみこ）の送迎も行うことから、みのるに付き添うことが難しい状況が生じた場合には、みのるに対し、みのるの転倒の危険性があることを十分に説明

するとともに、付添いなしでは歩行を開始しないよう、繰り返し注意喚起するといった措置を採るべきであった。

　そして、みのるは、本件事故までの間、成年後見、保佐及び補助の開始をされたり、認知症との診断を受けたりすることはなく、本件事故時、自身より要介護度の高いふみこの日常生活を支援しながら生活しており、一定程度の認知能力を有していたものと推認される。また、みのるは、平成30年4月頃、ピザを頻繁に食べていたことに関し主治医から塩分の摂りすぎになるから控えるよう言われ、ピザはやめるとの発言をするなどのやり取りをしていることも考慮すると、前記のような説明及び注意喚起を理解し、これらに従うこともできたものと推認される。

　これらの事実からすれば、仮に川田において前記の措置を採っていれば、みのるにおいて付添いなしで歩行を開始することはなく、本件事故の発生を防ぐことができたと言うべきである。

　それにもかかわらず、川田は、みのるに対し、「先にふみこさんが車に乗るので待っていてください」と声をかけたのみにとどまっており、みのるに対する説明、注意喚起の方法としては不十分なものであったと言わざるを得ない。

　エ　被告の主張に対する判断

　被告は、みのるに対しトタン波板建物の壁に手をついて待っているように指示すれば足りる旨主張する。

　しかしながら、被告の提供する指定通所介護は、常に利用者の心身の状況を的確に把握しつつ、相談援助等の生活指導、機能訓練その他必要なサービスを利用者の希望に添って適切に提供するものとされていること、川田が、専門的知識及び技術をもって、身体上又は精神上の障害があることにより日常生活を営むのに支障がある者につき心身の状況に応じた介護を行うこと等を業とする介護福祉士であったことに加え、転倒の危険があることを説明することや繰り返し注意喚起すること自体は措置としては比較的容易に採ることができると考えられることからすれば、川田において、被告の主張す

る指示を行うにとどまることは、専門的知識及び技術をもって介護を行う者としては不十分であったと評価せざるを得ず、被告の主張を採用することはできない。」

職員不足のため、1人で送迎することもやむを得ないと思うのですが、この事件はさすがに事業所に気の毒な気がします。やはり事故を起こしてしまった以上責任は免れないものなのでしょうか…。

転倒の場合は押しなべて施設・事業所に厳しい判決が多い印象ですが、本件は特に厳し過ぎ、現場に無理を強いているように思えます。

要するに、利用者（みのるさん）に対して「転倒の危険性があることを十分に説明するとともに、付添いなしでは歩行を開始しないよう、繰り返し注意喚起するといった措置を採るべきであった」というのですが、そのような注意を聞き入れず勝手に動き出してしまう人であるからこそ現場は困っていた訳です。仮にそのような通り一遍の「注意喚起」をしたところで、事故は防げなかったと言えるでしょう。

確かに。そもそも事故前からこちらの案内に従ってくださらなかったのですから、そのようなことを義務付けられても無理強いですよね。

1回では伝わらないので、「繰り返し注意喚起せよ」等という不自然でおかしな規範になったものと思われますが、実はこのようなことを裁判所が言い出したのは今回が初めてではないのです。古い裁判例ですが、デイサービスの施設内のト

イレでの転倒事件があります。

〈平成17年3月22日横浜地裁判決／平成15年（ワ）1512
号〉

　デイサービスの利用者（85歳女性、要介護度2）が施
設内のトイレで転倒して負傷した事故につき、職員に介
護義務違反があったとして、施設に1,253万円の損害賠
償責任が認められた事例。

　介護担当職員Cは、原告（利用者）がソファーから立
ち上がり本件トイレに向かう際、これに付き添って歩行
介護をしたものの、原告が本件トイレ内に入った際、原
告から本件トイレ内に同行することを拒絶されたことか
ら、本件トイレの便器まで同行することを止め、原告を
一人で便器まで歩かせた。裁判ではこの点に過失ありと
された。

（判決）

　「確かに、要介護者に対して介護義務を負う者であっ
ても、意思能力に問題のない要介護者が介護拒絶の意思
を示した場合、介護義務を免れる事態が考えられないで
はない。しかし、そのような介護拒絶の意思が示された
場合であっても、介護の専門知識を有すべき介護義務者
においては、要介護者に対し、介護を受けない場合の危
険性とその危険を回避するための介護の必要性とを専門
的見地から意を尽くして説明し、介護を受けるよう説得
すべきであり、それでもなお要介護者が真摯な介護拒絶
の態度を示したというような場合でなければ、介護義務
を免れることにはならないというべきである。」

Bさん

これも厳しいですね。ご利用者の意向を尊重した結果なのに、事故が起きれば何でも事業所のせいにされてしまうようです。

外岡先生

そう言わざるを得ない、不自然で一方的な認定であると思います。今回のケースでも裁判所は、管理者の川田さんが介護福祉士の資格保有者や管理者であることを重視しているようですが、そもそも介護とはどういうものかを理解していないように思われます。資格を持っているから他の人よりも事故を予防できるというものではありませんし、逆に言えば管理者でなければ過失認定も甘くて良いというものでもないはずです。

Bさん

この裁判例からあえて教訓を引き出そうとするなら、「繰り返し説明して注意しさえすれば、事故が起きても免責される」ということでしょうか?

外岡先生

そうなってしまいますね。この裁判所の論法がまかり通るなら、現場では利用者に対し表面的な「説得」をエクスキューズ的に行い、あるいはしていなくとも事故後に「そのようにご説明した」等と言い張ることで「言った、言わない」のトラブルになる結果しかもたらさないでしょう。

　何より、明らかに転倒防止に役立たないと分かっていながら「一通り説得を試みれば免責される」という安易な考え方が広まってしまい、かえって利用者に対し親身で寄り添うケアが失われてしまうことが懸念されます。現場にとっては百害あって一利なしです。

なぜ裁判所は、このような認定をしてしまうのでしょうか…。

介護職員の「専門性」を過大評価、あるいは誤解していることが原因ではないかと思います。「利用者に一通りの認知・判断能力があれば、真摯に説得することで言うことを聞いてもらえる」と本気で思っているか、あるいは「そうした説得をすることが介護職員の専門性である」と考えているか、ではないかと思います。

一方で、2人対応とすることは義務付けなかったのですね。

送迎時の職員数は法令上、2人以上等と義務付けられていないことから、そこまで踏み込むことは避けたといえるでしょう。

みのるさんの性格やエピソードから考えると、説得よりは1人ずつ誘導する方法の方がまだ現実的かと思いました…1人ずつ対応することで手間は倍になりますが。

そうですね、まずふみこさん1人を車内まで届け、その間みのるさんには自宅で待って頂くという具合ですね。事業所に責任を負わせるにしても、せめて「時間はかかるものの確実に事故を予防できる方法」を探求し判示してほしいものです。

📖 もっと詳しく！ 解説

●事故後の搬送遅れはそれほど重責にはならない

　裁判所は、「本件事故当日に医療機関の診察を受けさせなかったことに関する事業所の過失」も認め、次のように判示しました。

　「川田は、みのるが本件事故により転倒し右臀部に痛みを生ずる状態となったことを認識していたのであるから、本件センターの管理者としてみのるにおいて右臀部の痛みが継続していることを把握し、遅くともみのるを自宅へ送迎するまでには、医師に相談するなどして、その助言によりみのるの痛みの原因を確認し、その原因に応じた必要かつ適切な医療措置を受けさせる措置を採るべきであった。」

　この搬送遅れについては、確かに心配性の目で対応することが望ましいと言え、責任が認められて然るべきといえるでしょう。

　もっとも、本裁判例による結論は「慰謝料10万円」でした。このように、不可抗力というべき転倒事故そのものについては高額の賠償義務が課される一方で、その後の人為的ミスによる搬送遅れはそれほど高額の賠償義務とならないという傾向があります。筆者としては、この点もアンバランスであるように感じます。

❗ 対応相手別！ワンポイントアドバイス

（1）事故現場に居合わせた職員に対して

●余裕をもった送迎スケジュールで「急がば回れ」の対応を

　多くの利用者を一度に送迎しようとスケジュールを埋めてしまうと、少しの遅れが響きクレームが生じ、職員の焦りをもたらすという悪循環が生じます。できるだけ余裕を持った予定を組み、送迎車を自

宅の近くに停めた上で 1 人ずつ送迎することがリスク回避につながります。

（2）現場の管理者（上長）の対応として

●指示に従わない利用者には改めてリスクを説明

　あえて判決の結論を是として教訓を引き出すならば、例えば「みのるさんやふみこさんがあまりに職員の指示に従って頂けず現場が困っている」という状況であれば、その実態をご家族を交え改めてみのるさん側に伝え、転倒リスクがあることをしっかり伝えることが考えられます。しかしこれは事故が起きた後だからこそ言えることであり、予防的観点から事前に協議の場を設けるといったことは難しいでしょう。

（3）事業所全体として

●送迎スケジュールに無理がないか？

　（1）で述べたとおり、日々の送迎スケジュールを見直すことは重要です。毎回スケジュールが異なり臨機応変に対応せざるを得ないことも多いかと思いますが、例えば、入口から自宅玄関までの庭が広い、坂になっている、石畳の階段が滑りやすいといった、個別の危険が現場には潜んでいます。そうしたリスクを改めて洗い出し、送迎順序や方法を再検討するという作業をすることで、業務の総合的な円滑化やリスク回避が期待できます。

〈コラム〉安全対策体制構築の取り組み

．．．

　令和3年度介護報酬改定において、介護保険施設におけるリスクマネジメントの強化が目標として掲げられ、安全対策体制加算および減算が導入されました。

　特養（介護老人福祉施設）や老健（介護老人保健施設）、介護医療院など、介護保険施設は、以下の要件を満たす必要があり、これらを満たさない場合は減算となります。

> ・事故防止のための指針の作成
> ・事故防止のための委員会の開催
> ・事故防止のための研修の実施
> ・指針、委員会、内部研修を適切に実施するための
> 　担当者の配置

一方で、下記要件を満たす場合は加算が算定されます。

> ・担当者が安全対策に係る外部の研修を受講すること
> ・施設内に安全対策部門を設置し、介護事故の防止に向けた指示や事故が生じた場合の対応について、職員全員に適切に行き渡るような体制を整備していること

　ご利用者への身体拘束が禁止される中で、日常生活において一切転倒事故を起こさせないということは至難の業ですが、具体的にどのような取り組みをすることで事故を減らすことができるでしょうか。上記の「安全対策」については、肝心の中身（委員会で何を話し合うか、事故予防のためいかなる取り組みをするか

等）については定められておらず、それぞれの施設で工夫する必要があります。

　そこで、本コラムでは、事故発生後の再発防止に向けた検討の方法について、解説します。

　「なぜなぜ分析」という手法をご存知でしょうか。これは、「カイゼン」を世界中に広めたトヨタ生産方式の一環として有名になった、問題の原因発見法です。

　問題を発見したら「なぜ」を5回繰り返す（5回でなければならないわけではありません）というシンプルなものですが、大変効果的です。

　その目的は、問題の再発を防止するために、発生した事象の根本原因を徹底的に洗い出すことにありますが、注意点として、「ミスをした人個人の資質」に原因を求めてはいけません。組織全体の仕組みや環境を改善することで事故を予防しようとする意識（「罪を憎んで人を憎まず」）を持つことです。

　次のような例で、考えてみましょう。

　例1：デイサービスで、昼食後の休憩時間中、ご利用者のAさん（80代男性、要介護度2。認知症はなし）がソファーから立ち上がり転倒した。普段は歩行器で歩行していた。

　なぜ？1：Aさんはなぜ、転倒したのか？
　　→「立ち上がり時にふらつき注意」とされていたが、見守りなく一人で立ち上がったときにバランスを崩した。

　なぜ？2：Aさんはなぜ、一人で立ち上がったのか？

→Aさんはトイレに行こうとしたようだ。

　なぜ？3：職員はなぜ、Aさんがトイレに行こうとしたこと
　　　　　　に気づかなかったのか？
　　→他の利用者の対応をしていた。「トイレに行くときは声
　　　をかけてください」とAさんに伝えていたが、そうさ
　　　れなかった。

　なぜ？4：Aさんはなぜ、トイレに行く前に声をかけなかっ
　　　　　　たのか？
　　→Aさんは認知症ではないので、理解していなかったと
　　　いうことではない。Aさんに聞いたところ、「一人で大
　　　丈夫と思った。面倒をかけたくなかった」と答えられ
　　　た。

　なぜ？5：Aさんはなぜ、一人で大丈夫と思ったのか？
　　→リハビリが好調で、下肢筋力がついてきていた。ここ数
　　　日は一人で立ち上がりできていたが、当日はたまたま歩
　　　行器が近くになかった。

　このように、もっともらしい答えが出たとしても重ねて問いを
投げかけていくのが「なぜなぜ分析」の特徴です。
　もし、1回目の「なぜ？」の問いの答え「見守りなく一人で立
ち上がったときにバランスを崩した」で分析を終えていたら、引
き出される再発防止策は、せいぜい「次回からは、立ち上がろう
とするときに備え常に見守るようにする」といった人力一辺倒の
ものしか無いでしょう。しかし、そのような手厚い見守りを一人
のご利用者のために続けることは不可能であり、職員は限られた

人員の中で全体を見渡さなければなりません。

　このように、安易に個々の職員の能力や頑張りに頼るという思考パターンから脱却するために、「なぜ」を重ねていくのです。

　「なぜ？」を 5 回繰り返したことで、A さんが立ち上がった理由（目的）、そのとき職員を呼ばなかった理由、歩行器がそばに無かったことといった、さまざまな要因が明らかとなりました。こうした複数の要因が重なり事故が起きることもあれば、1 つの決定的な要因が作用していることもあります。繰り返しになりますが、個々の職員の資質や注意不足に原因を求め個人の責任追及にならないよう留意しましょう。「なぜ」を問いかけるリーダーとなる人は、その点を十分理解し、尋ね方にも細心の注意を払いながら進める必要があります。

　議論をまとめていく方法としては、「マインドマップ※」の手法を使うと良いでしょう。これは、ホワイトボードなど参加者全員が見ることができるものの中心に、まず「転倒事故」等とテーマを書き込みます。その次に、放射状に「見守り」「動いた理由」「職員の声かけ」等、出てきた課題やテーマを書いていき、線でつないでいきます。こうしてランダムに表れた複数の要素が一覧できるようになり、他の事故類型にも応用できる再発防止策を編み出すことが可能になります。

　練習として、もう 1 題検討してみましょう。

例 2：脱衣所で滑り転倒した事例
　　自立歩行可能なご利用者 B さん（80 代女性、中程度の認知症。要介護度 3 ）に付き添い、入浴後脱衣所に出たところ、床が濡れていて、B さんが滑って転んで

しまった。Bさんは安定して自立歩行はできていた。

　このようなとき、付き添っていた職員が自分を責め「私がしっかり支えていれば…申し訳ございません。次からは気をつけます」等と反省するということは逆効果です。責任の重さに耐えかね、離職してしまうかもしれません。よそ見をしていたりふざけていた等、よほどとがめられるべき事情がなければ、「あなたは悪くない」と声をかけ、安心させてあげるくらいが丁度よいでしょう。間違っても、「付き添っていながら、どうして転ばせたの！」等と追いつめてはいけません。

　このケースで、ある職員は「床が濡れた状態でいたことが原因だから、濡れた状態にならないよう注意する」といった再発防止策を考えました。確かに誤りではありません。しかし結局は、現場職員の注意という、いわゆる「根性論」になってしまっています。そうではなく、あくまで環境や仕組みを変えることで、職員が意識せずとも危険を回避できるようにする発想が必要です。

　よくよく調べてみると、そもそもマット自体が古く、水を吸わなくなっていたことが判明しました。さらに「なぜ」を重ねていくことで、「出入り口の吸水マットを吸水率の高いものと交換し、動線部分の床拭きをご利用者３名ごとに行うこととする」という具体的な防止措置に至ることができました。

　このように、客観的かつ誰でも実行可能な方法を考案するために「なぜなぜ分析」を活用されるとよいでしょう。

※　トニー・ブザンが提唱する、思考の表現方法。頭の中で考えていることを脳内に近い形に描き出すことで、記憶の整理や発想をしやすくする。

2. 誤嚥・誤飲

裁判例 6　ショートステイ利用中の誤嚥事故

　転倒の次に多い介護事故の類型が、誤嚥・誤飲です。本件は利用者がショートステイ利用中にロールパンを誤嚥したことにより窒息し、低酸素脳症に陥った等と主張し、責任が認められた事例です。

事故基本データ

・判決日　平成29年 3 月28日／鹿児島地方裁判所判決／平成27年
　　　（ワ）第542号
・原告　利用者本人（後見人妻）、妻、長男
・被告　医療法人
・請求金額　4,808万5,688円

裁判結果

・認容額：4,054万7,146円

・内訳：後遺障害慰謝料　2,800万円
　　　　入院費用　95万4,246円
　　　　将来の入院費用　424万4,174円
　　　　後見開始の審判等の費用　17万1,340円
　　　　事実関係の調査費用　 2 万7,386円
　　　　弁護士費用　330万円
　　　　利用者の妻への慰謝料　220万円
　　　　利用者の長男への慰謝料　165万円

当事者プロフィール

・利用者プロフィール

たけお（仮名）　昭和11年生まれ（事故当時78歳）

現在、低酸素脳症のため、被告である医療法人が経営する病院に入院している。

・事業所プロフィール

介護老人保健施設と、隣接する病院を開設・経営している医療法人である。

事故に至る経緯

たけおは、平成26年1月27日、2泊3日のショートステイで被告の経営する介護老人保健施設に入所。その前の1月23日頃、施設の介護支援専門員がたけおの家を訪問し、たけおの妻と面談をしていた。

このとき妻は、介護支援専門員に対し「たけおは噛み切る力や飲み込む力が弱っており誤嚥を起こしやすいため、普段食事を提供するときには、主食は一口大の小さなおにぎりとし、副食も一口大に小さく切って食べさせているから、施設においても同様にしてほしい」と伝えていた。

たけおの妻からの言葉を受け、食事箋にはおにぎりを10個に分ける指示や、アセスメントシートや短期入所連絡票にも誤嚥に注意することなどの記載がされた。

利用初日の食事（昼食、夕食）においては、実際にたけおに対しては、小さく切った食事が提供された。

事故当日である同月28日は、午前8時から朝食が開始され、たけおに対しては、ロールパン（6〜7cmのもの）2個、牛乳200mlパック、具入り卵焼き、オニオンスープが提供された。

ところが、たけおが鼻から牛乳を出してむせているところを施設職員により発見され、その後食事は中止された。この時点までに、ロールパン1個、牛乳、卵焼き、オニオンスープの各半分程度を食

べていた。

　その後、義歯の洗浄を行ったり、トイレに行ったりしていたが、そのときにたけおの喉が「ゴロゴロ」と鳴っていたため、施設長（医師）が呼ばれ、体温と経皮的動脈血酸素飽和度※（SpO2）を測定したところ、それぞれ37.7度、86～88％であった。施設長からの指示を受けて看護師がたけおの口内の吸引をしたところ、牛乳と残渣物が吸引された。

　SpO2の値は91～92％に上昇したが、体温は37.7度のままであったので、職員は氷枕を取りにたけおの部屋を出た。

　その後看護師が再度たけおの様子を見に行ったところ、様子が急変していたため、直ちに施設長を呼んだが、施設長が駆け付けるまでにたけおはチアノーゼを呈し、心肺停止の状態になっていた。

　施設長が挿管を行ったところ、喉から約5cmのパンの塊が除去された。そして、気管挿管および心臓マッサージを行うと、心拍が再開、呼吸も回復したが、意識は回復しなかった。

　同法人が経営する病院に搬送されたが、低酸素脳症により現在も意識は戻らないままである。自動車損害賠償保障法施行令別表第1の第1級1号（神経系統の機能または精神上著しい障害を残し、常に介護を要するもの）に相当する後遺障害を負うこととなった。

　※　血液（動脈）中に、どの程度酸素が含まれているかを示すもの

判決文ハイライト

　「たけおは、朝食の食事中に誤嚥を生じ、不完全な気道閉塞の状態であったところ、看護師の吸引により誤嚥物の一部が除去され、SpO2の軽度の改善がみられたものの、その後、パンの塊が移動して気道をほぼ完全に閉塞し、窒息が生じたと認められる。

　被告は、パンの塊が窒息の原因であると想定されるとしつつ、朝食でパンを摂取してから相当の時間が経過しており、看護師が吸引を行った時点でも気道が塞がれていた状態になかったことから、消化器官に残っていたパンの塊が気道入口に移動して閉塞したことが

考えられるなどと主張する。

　この点につき、上記主張における消化器官が食道との境界部までの下咽頭のことを言い、その場所に存在していたパンの塊が移動して気道を閉塞したとの趣旨であれば、上記の認定に沿うものである。しかし、食道内又はその先の胃等から逆流したとの趣旨の主張であれば、咽頭と食道との境界部の幅は約15mmであり、大量の嘔吐物とともに排出された場合を除き、約5cmのパンの塊が食道を逆流してくることは考えられないところ、たけおが大量の嘔吐をした事実はなかったこと、また、たけおにおいて、むせが生じた後、喉から「ゴロゴロ」との音が鳴り、SpO2が低下していたなど、不完全な気道の閉塞がされたことによる症状が見られたことに照らすと、食道内からの逆流が生じ、これにより気道が閉塞された可能性は考え難く、被告の上記主張は採用することができない。

　そして、被告は、たけおにつき誤嚥のリスクがあることを認識していたのであるから、飲み込みやすい食物を選択して提供し、==パンを提供するにしても、小さくちぎったものを提供するべき義務があった==ところ、これに反し、==ロールパンをそのまま提供==し、これにより、その塊が気道を閉塞して窒息を生じたのであるから、本件事故の発生についての責任があると認められる。」

Aさん　ロールパンをそのまま提供してしまったのですね。これは責任ありとされても致し方ない気もしますが…。

外岡先生　確かに、利用前のアセスメントで家族からはっきりと「パンも小さくちぎって食べさせている」と説明を受けていますから、これは明らかな過失と言わざるを得ないかと思います。この点につき施設側は次のような苦しい弁明をしています。

「入所前に家族から聴取したところによれば、主食は一

178

口大のおにぎりとし、副食も一口大として、時々水分で
むせることはあるが、とろみはつけなくても良いとのこ
とであったため、たけおの誤嚥のリスクは低いと判断
し、刻み食、ソフト食等ではなく、一般食を提供するこ
ととした。また、パンは一般に提供が禁止されているも
のではなく、これを不可とする申出もなかったので、朝
食に提供することにしたところ、食物を小さくしさえす
れば誤嚥を完全に防止することができるものでもないこ
と（気道の閉塞はピーナッツ大のような小さな塊によっ
ても生ずることがある。）に照らし、ロールパンの提供
に過失はない。」

ええー、それを言ったらおしまいというか…。うーん、これ
はさすがに、家族もこんなことを主張されたら怒るでしょう
ね。なぜこんな言い訳をしたのでしょうか。

思うに、被告施設が本当に言いたかったことはそこではな
く、「本件は、食事中の窒息事故ではない」という点だろう
と思います。

判決では「食事中に誤嚥を生じ、不完全な気道閉塞の状態で
あったところ、看護師の吸引により誤嚥物の一部が除去さ
れ、SpO2の軽度の改善がみられたものの、その後、パンの
塊が移動して気道をほぼ完全に閉塞し、窒息が生じた」と推
認していますが、誤嚥というと通常「食事中に」発生するも
のです。本件において、利用者の体内のどこにパンの塊が
引っかかっていたのかは謎ですが、施設の側からすれば、
「もちろん、食事中は細心の注意を払っていた。本件のよう

に食後になって突然発覚したような場合にまで責任を負うこ
とはできない」という思いがあることでしょう。

Aさん

言われてみれば、本件は食事中に起きた事故ではないです
ね。タイムラグがあったんですね。うちは訪問介護ですか
ら、「食事介助をして、時間ギリギリなので利用者が嚥下を
完了したことを確認せず介護職員が次の現場へ。その後窒息
が判明した」なんてことになったら大変です。でも十分あり
得ますね、こういった事態も。食べ物を口にため込んで窒息
ということも聞くし、食事介助は本当に最後まで飲み込むと
ころまで見届ける必要があるということですね。

外岡先生

通常は食後にお茶を飲んだりしますから、本件でも食事を中
止したときに水分を少しでもとってもらっていれば予防でき
ていたかもしれません。本件は現場職員にとってリスクマネ
ジメントのヒントの宝庫と言えます。

● 「裁判は戦争と同じ？」

外岡先生

話を戻して、なぜ被告が「ロールパンをそのまま出したこと
につき過失はない」と言い張ったかというと、必ずしも本心
でそう思っていた訳ではない可能性があります。裁判という
ものは、反論しなければ負ける世界ですから、原告は被告の
ことを全面的に糾弾し、被告は全ての論点につき相手を完全
否定しなければならないのです。もちろん、訴訟戦術として
「パンをそのまま提供したことについては過失を認めるが、
窒息に至る因果関係が認められない」というように、メイン
として争う点（「主戦場」と言います）を設定することも可
能です。しかし被告側についた代理人弁護士は、やはり１つ

でも譲歩してその結果負けたのでは責任問題となってしまいますから、「とりあえず全否定」というポジションをとるものなのです。

そうなんですね、何だか不毛で悲しい話ですね…。溝は深まる一方です。

所詮、裁判というものは戦争と同じです。和解することを目標とせず、相手を殲滅（せんめつ）するためにやり合うものなのです。しかし裁判をする中で昔世話になった施設を責め、相手からも否定される利用者側も辛かったのではないかと思います。本件のような介護事故は特に、裁判で争うのではなく、第三者を交えた話し合いで解決すべきであると考えます。

現場職員だって人間だからミスもするし、利用者一人ひとりの食事形態に毎回完璧に合わせることはできないかもしれませんよね。特に利用者が次々入れ替わるショートステイであればなおさらです。「自分達も悪かったけれど、現場の窮状も理解してほしい。決して悪気があってやったことではないのです」とうまく利用者側に伝え、分かり合うことができればと思います。

もちろん起こしてしまった被害は取り返しのつくものではなく、施設は大いに反省しなければならないとは思いますが…。現場はリスクマネジメント力を日々高めつつ、利用者家族がこれをサポートするという協力関係が築けることが理想ですね。

📖 もっと詳しく！ 解説

●行政への報告書はより正確性が求められる

　本件では、最後にたけおさんの喉から取り出されたパンの大きさについても争いとなりました。その点に関する裁判所の認定が参考になります。

> 　「なお、被告は、このパンの塊について、噛んで潰れた約2cmの大きさであり、舌の上にあったものであるとの主張をするが、指定介護サービス事業者事故報告書に「医師に連絡し、挿管する。その際、パンの塊（5cm程）を取り出す。」と記載され、また、看・介護記録中の本件事故日の午前9時27分欄には、「挿管時、パンのかたまりが喉より出てくる。」と記載されている。特に前者の事故報告書は、その性質上、正確性を期して記載されるものであると認められ、パンの塊が2cm程度であったことを示す証拠もないから、被告の上記主張を採用することはできない。」

　いかがでしょうか。行政に提出する事故報告書の記載が、私人間の裁判においてもいかに公式な記録として重要視されるかが分かりますね。現場で現れたケガの態様や残渣物等の現象・物体はできる限り即座に写真に撮り、あるいは現物を保全することで「証拠化」すべきということは第3章でも伝えた通りですが、本件でも、2cmだったというパンを（定規を添える等して長さが分かるようにした上で）写真撮影しておけば良かったのです。

❗ 対応相手別！ワンポイントアドバイス

（1）現場職員に対して

●事故前のリスク分析も事故後の原因究明も突き詰めて！

　食事の形態を記載する書面に、米飯だけでなく「パン」の表記欄も設けてはいかがでしょうか。時代の移り変わりと共に、利用者の食事の趣味嗜好も変わっていきます。近時、本件のようなロールパンの誤嚥事故裁判が増えていますが、いずれも**パンという食物に対するアセスメント、リスク分析が甘かった**という事情が見受けられます。

　また本件では、初日の食事では小さく切ったものが提供されていました。ということは、現場においては「小さく切ったものを提供しなければならない」ということが一応伝達されていたということになります。事件当日の職員が前日と同じか否かは不明ですが、再発防止の観点からはここを突き詰める必要があります。なぜ2日目は、パンをそのまま提供してしまったのか。軽々にそのときの担当職員の資質やうっかりミスのせいにすることなく、うっかりしていても事故を予防できる仕組みを考え、実行するようにしましょう。

（2）事業所全体として

●組織全体で誤嚥を防ぐ対策を

　前述の通り、誤嚥対策というものは現場職員の技術力や意識の高さに頼るのではなく、全て仕組み・システムとして構築していくことが重要です。例えば初日の食事を切り分けたものを写真撮影し、それを利用者ごとにファイリングして食事前に担当者が確認する、あるいは「刻み食」「ちぎって提供する」といった対応ごとに分かりやすい目印（付箋やマグネットなど）を用意し、利用者のトレイ等に付けて注意

を喚起する等が考えられます。

　嚥下力が低下し、全てとろみ食、ミキサー食になる等明らかに通常の利用者と違う場合は分かりやすいですが、本件のように「一応常食だが誤嚥のリスクがある」という人ほど実際に事故が発生しやすいため、それを予防するために「パンはどの程度ちぎるのか、液体に浸すのか」等、細かい食べ方まで家族と話し合い、詰めていくことができれば安心です。

裁判例 7　グループホームでの誤嚥事故

　グループホーム入所者が、食後に急性呼吸器不全で死亡した責任を追及した裁判例です。結論として、現場職員は必要な措置を実践していたと評価され、施設側の責任は否定されました。重度の利用者の容態悪化時にどのような対応を取れば良いかという点で示唆^{し さ}に富んだ事例と言えます。

事故基本データ

・判決日　平成26年12月25日／福岡地方裁判所判決／平成23年（ワ）
　　　　　第160号
・原告　利用者の長女
・被告　株式会社
・請求金額　2,200万円

裁判結果

・認容額：請求棄却（0円）

当事者プロフィール

・利用者プロフィール

　夏子（仮名）　昭和13年生まれ（事故当時72歳）　要介護5

　平成17年頃に脳梗塞を発症し、右片麻痺（右上肢、右下肢）と言語障害が残った。さらに認知症もあり、同年11月、本件施設に入所することとなった。

　食事や口腔洗浄、入浴など、ADL（日常生活動作）はほぼ全介助を必要とする状態であった。脳梗塞の後遺症により、嚥下機能も低下しており、食事も全介助であった。食事中にたびたびむせ込んだり、食べ物を吐き出したり、食べ物を口の中にため込んで飲み込も

うとしない様子や、よだれが出るという様子が見られていた。

・事業所プロフィール

介護保険法に基づく認知症対応型共同生活介護事業等を目的とする株式会社であり、グループホーム（本件施設）を経営している。

事故に至る経緯

事故当日の午後4時30分頃から、職員の中川（仮名）が介助にあたり、夏子は夕食を食べ始めた。中川は夏子に声をかけながら、スプーンで食べ物をすくって食べさせようとしたが、夏子は口を開くものの、動かさず、食べ物を飲み込もうとしなかった。また、口に入れた食べ物が夏子の口から流れ出てくる状態で、ほとんど摂取はできなかった。

その後「大丈夫ですか」と声がけをするなどしたが、夏子の様子はいつもと変わらないものであった。

午後5時過ぎ頃から、前山（仮名）、中川、河野（仮名）3人の職員によって夏子の口腔ケアを開始。最終的には別の棟にいた職員の島田（仮名）も合わせて4人で入念に口内のチェックを行い、残渣物がないことを確認した。

その後、夏子の衣服が濡れていたため、職員4人で夏子の更衣を行っていると、島田が、夏子の左手が紫色になっており、顔色も悪くなっていることに気が付いたため、施設長に指示を仰ぐなど対応を行った。しかし、さらに様子が悪くなっていったため、再度施設長に連絡し、救急車を呼ぶこととなった。救急車を待つ間に、ついに夏子は呼吸停止に至った。運ばれた病院で、夏子の気管、咽頭部には、飯粒などの食物残渣が認められた。

その後治療を受けるも、平成22年10月20日、同病院において誤嚥による急性呼吸不全により死亡した。

判決文ハイライト

「夏子の死因は、直接死因が急性呼吸不全、直接死因の原因が誤

嚥であると認められ、これについては誤嚥による窒息により死亡したものと同義である。

　夏子は、本件当日の夕食中に、左手に15秒程度のふるえ（振戦）があった。

　夏子は、本件当日の夕食中、食べ物を飲み込もうとしない様子や、口から食べ物が流れ出る様子が見られた。

　夏子は、午後5時15分頃からの口腔ケア開始の際にも、口をなかなか開けない様子が見られ、また、口腔ケアを始める際には、夏子の口腔内には、食物残渣が残っていた。

　夏子には、自室に誘導された後、更衣中に、夏子の左手が紫色に変色し（島田がチアノーゼと指摘）、顔色が元気のない様子に見えるなどいつもと違う様子が見られた。その後、前山が、午後5時20分頃に施設長に1度目の電話連絡を入れた後には、夏子の顔色が青白く、さらに蒼白になり、夏子の左手の色もどす黒く変化して、呼吸も浅くなり、被告職員の声がけに対しては、声がけをするとまばたきをしたが、その後、声がけにも反応しなくなり、意識朦朧となって、呼吸も口を大きく開けて呼吸をしていたものの、玄関に車椅子で誘導している際に呼吸が停止した。

　しかしながら、上記のほか、夏子は、本件当日の夕食中の振戦の後、上記のような様子は見られたものの、自室に誘導されるまでの間には、むせ込んだり、顔色が悪かったり、呼吸が浅くなるなど普段と違う様子は認められず、被告職員の声がけに反応して、自発呼吸を行っていた。」

　「嚥下機能が低下している場合には、食べ物を食べやすくし、適切に食事の介助を行っていても、誤嚥をすること、誤嚥を繰り返すことがあるところ、夏子には、脳梗塞後遺症により、右片麻痺があり、食事も全介助で、本件当日以前にも、食事中にむせ込んだり、食べ物が口に残る状態が見られたり、食べ物が口からこぼれるなどの状況が見られたことが認められるのであって、これらの状況から

すれば、夏子は、本件出来事当時、相当に嚥下機能が低下していたものであり、本件出来事以前にも、恒常的に誤嚥を繰り返していたものと推認できるところである。

そこで、被告職員の本件当日の夕食時の介助について検討するに、夏子については、本件当日以前から被告においても嚥下機能が低下していることを認識して、粥やとろみを付けた汁物、細かく刻んだ食べ物を与えていたこと、食事は、被告職員がすべて介助して行っていたことが認められるところ、本件当日の夏子の夕食についても、食べ物は、粥や、とろみをつけた汁物、刻んだおかずなど食べやすくした物が与えられており、職員の中川が介助をしながら食事が行われている。そして、中川の食事介助の方法は、夏子に声がけをしながら、スプーンで口元に食べ物を運んで食事をとらせており、夏子の口から食べ物が流れ出てきた後は、夏子にさらに食べ物を与えたりはしていないこと、夏子に振戦が見られた後は、夏子に声がけをして反応を確かめた上、食事を中止して様子を見ていること、夏子に声がけをして、夏子が夕食をいらない旨答えたことから夏子の夕食を終えていること、さらに、前山も夏子の様子を近くで見守っていることなどが認められ、嚥下機能が低下している夏子の食事介助の方法として、被告職員が、不適切な方法で行っていたとまでは認めることはできない。

また、本件当日の夕食中、夏子の口から食べ物が流れ出ていることからすれば、夏子の誤嚥を疑う所見と解されること、夏子に食事中、左手の振戦が見られ、夏子に通常と違う様子も見られていることはあるものの、被告職員は、夏子に声がけをして反応を確かめ様子を見守っているところ、夏子は、声がけに反応し、その様子も通常と変わらないものであり、振戦も治まったこと、そのほか、むせ込みや顔色の変化などいつもと違う様子を呈していたという事情も見当たらないことからすれば、被告職員において、同時点において、夏子が窒息をきたすような誤嚥をしているなどと予見することは困難であるし、夏子の口から食べ物が流れ出ていることや振戦に対し、

食事を無理に与えたりせずに夏子に声がけをしてその様子を見守る
だけでは足りずに、直ちに、誤嚥解消などの措置をとるべきであっ
たとまでは言えない。

　以上によれば、被告職員が、夏子が誤嚥をしないように注意して
食事介助し、誤嚥が生じた疑いを持った場合には誤嚥の有無を確認
し、誤嚥を解消する適切な措置をとる注意義務に違反したとは認め
られない。」

　「夏子の夕食後、夏子は食堂内で過ごしており、食堂内で他の利
用者の夕食の配膳などを行いながら、前山及び中川が、その様子を
見守っていたこと、食堂から前山や中川など職員がいなくなること
はなく、その間、夏子にいつもと違う様子は見られなかったこと、
口腔ケア中にも夏子にはいつもと違う様子は見られなかったこと、
職員が夏子の左手の色が紫色に変わっていることや夏子の顔色が悪
く、元気のない様子を認めたのは、夏子の更衣中であったことが認
められる。

　以上の事実の経過に照らせば、夏子の夕食後も、被告職員は、夏
子の見守りを行っていたものと認められるところ、この見守りの態
様等が不適切であったとは言えず、夏子に異変が生じたことを認め
るに足りる証拠はない上、被告職員が夏子に異変が生じたにもかか
わらず、これを見落としたという事情も認められない。なお、被告
職員は、口腔ケア中に夏子の頭を下げてうつぶせにして背中をとん
とんと叩くなど、夏子の誤嚥を解消する措置を行っていないが、口
腔ケア中にも夏子にはむせ込みは見られず、顔色や呼吸の変化もな
く、窒息を疑う所見があったものではなかったのであるから、被告
職員において、そのような誤嚥解消の措置をとるべきであったとま
では言えない。

　また、更衣中の夏子の左手の色が変わっていたことや、夏子の顔
色が悪かったことが認められるが、これらが夏子の夕食後相当程度
時間が経過していることや、口腔ケアの後のことであったことなど

からすれば、被告職員において、これらの夏子の**異常な様子を見て、直ちに誤嚥を疑うことも困難**であるから、誤嚥を解消すべき措置をとるべきであったとも言えない。

　以上に照らせば、被告職員が、夏子の食事後、夏子に誤嚥が生じないように見守り、誤嚥が生じた疑いを持った場合には誤嚥の有無を確認し、誤嚥を解消する適切な措置をとる注意義務に違反したとは認められない。」

　「被告職員は、本件当日、施設長に１度目の電話をした午後５時20分頃より前の時点で、夏子についてチアノーゼが指摘され、かつ、夏子に元気がない様子を認識したものであるが、被告職員が、119番通報をしたのは、午後５時29分であったものである。

　そこで検討するに、被告職員においては、夏子のチアノーゼや元気のない様子から、施設長に病院への受診について連絡をし、その後、さらに夏子の顔色が悪くなると、再度施設長に救急車を呼ぶ旨連絡をするとともに、夏子の自発呼吸が認められている間に、119番通報をするに至っているのであって、被告職員が、夏子の異常を認めてから、119番通報までの時間は、**10分程度であった**ものであり、**通報時においても夏子に自発呼吸が認められていた**ことも併せて考えれば、被告職員が、午後５時20分より以前の時点で119番通報をせずに午後５時29分に119番通報を行ったという対応が、不適切なものであったとまでは言えない。

　以上によれば、被告職員に本件当日午後５時20分頃より前の時点で119番通報をするべき注意義務があったとまでは認めることができず、原告の主張は採用できない。

　これまで認定判断したところによれば、被告及び被告職員には、夏子の死亡について、注意義務に違反したとは認められない。したがって、その余について検討するまでもなく、原告の主張は採用できない。」

●利用者の重度化への対応

グループホームの利用者ですが、かなり状態が悪かったよう
ですね。

要介護度5でしたから、本来は共同で日常生活を送るという
コンセプトの、この施設形態では対応しきれない状態だった
と言えるでしょう。

グループホームは和気あいあいとした雰囲気で、皆さん家族
のようにやっておられますから、ドライに割り切って別施設
に移転させるということがしづらいのかもしれません。

有料老人ホームの入居契約書でよく見られますが、グループ
ホームにおいても退去要件として、「医療依存度が著しく高
まり、本施設の医療体制では対応しきれないと判断される場
合」を盛り込んでおいた方が無難かと思います。年々利用者
の高齢化、重度化は進行しているのですから、いずれは対応
しきれないというときが来るのは自然なことです。

●話し合いによる解決が一番

それにしても本件は不思議な経緯ですねぇ。食後に口腔ケア
までしていながら、それでも誤嚥により亡くなったというこ
とですか。

裁判所も認定しているように、この利用者は「脳梗塞後遺症
により、右片麻痺があり、食事も全介助で、本件当日以前に
も、食事中にむせ込んだり、食べ物が口に残る状態が見られ
たり、食べ物が口からこぼれるなどの状況が見られたことが

認められるのであって、これらの状況からすれば、夏子は、本件出来事当時、相当に嚥下機能が低下していたものであり、本件出来事以前にも、恒常的に誤嚥を繰り返していたものと推認できる」くらいですから、いつ何が起きてもおかしくない状況ではあったのだろうと思います。ところで判決文の記述によると、実はこの原告は当時被告施設職員として働いていたのです。

ええっ、自分のお母さんを入所させていたのですか。

事件当日は休日で現場にはいなかったそうですが…。こうして裁判にまでなることは稀ですが、家族自身も介護事業所で働いているというケースは割とよく見られます。

ということは、他の職員らとも同僚の関係で、よく知った間柄だったということですよね。その人たちを敵に回してまで争うというのは…。事情は分かりませんが、お互いに辛い経験だったことでしょう。

本当に。裁判というものは相手を完全否定するものですから、提起して判決まで行けば仲直りするような機会は永遠に失われます。本件もいかなる経緯で訴訟にもつれ込んだのか気になるところですが、同じ職場で働く仲間である以上、話し合いで解決できれば良かったものを、と悔やまれます。

●緊急時に迅速に動けるよう日々訓練を！

原告は、救急車を呼ぶのが遅れたという点も問題視したのですか？

外岡先生

そうです。遅くともチアノーゼを指摘したときより前の時点で119番通報をする注意義務があったとし、「救急車は5分程度で到着しているから、その時点でまだ呼吸のできていた夏子は救急隊員によって気道が確保され、救命されていた可能性が高い」と主張しました。しかし裁判所は、通報時においても夏子さんに自発呼吸が認められていたことや、発見から10分後には通報に至っていることから、その責任も否定しました。

Bさん

なるほど…現場職員はやるべきことはやっていたということですね。逆に、慣れておらず右往左往してしまって、20分も30分も119番通報が遅れてしまっていたらどうかと考えると、怖くなります。

外岡先生

誤嚥に限らず緊急時の対応は迅速を心掛けなければなりませんが、練習や教育なしにいきなりできる人はいません。普段からスタッフに誤嚥時の救命措置の講習を受講させることが、利用者の命を救うことに繋がります。油断せず研鑽を重ねていきたいものです。

📖 もっと詳しく！　解説

●原告と被告の言い分の食い違い

　本件では、事実認定の段階でかなり原被告の応酬がありました。例えば、当日午後5時15分頃からの口腔ケア終了時において、複数の職員が「夏子の口腔内に食物残渣が残っていないことを確認した」と被告は主張しましたが、原告は夏子の夕食後、「口腔ケアは実施されていない」と主張しました。

このように双方の主張が真っ向から対立する場合、裁判所はどのように事実認定するでしょうか。正解は以下の通りです。

　「しかしながら、証人前山、同中川及び同河野は、本件出来事当時に、夏子の口腔ケアを実施した旨を具体的に述べており、これらは、本件出来事の直後、夏子が病院に搬送された後、前山が記載して作成した経過記録（原告が本件当日午後11時頃撮影したもの）に、夕食後しばらくして口腔ケアを実施した旨が記載されていることや、病院において、入院までの経過として同病院に対し、被告職員が説明し、同病院の看護師が本件当日の翌日午前３時頃に記載したと解される記載にも、「入院までの経過」として、「口腔ケア後、更衣中に手指にチアノーゼ出現し、」との記載があること、夏子の救急搬送の際の記録には、口腔内の食物残渣を認めた旨の記載はなく、「気道閉塞」の「無」にチェックがあり、「吐物なし」の記載があること、病院医師の説明においても、気管から食物残渣が引けたことの指摘はあるが、口腔内の食物残渣の指摘はないことなどの状況にも沿うものといえ、信用することができる。

　以上によれば、本件当日、夏子の夕食後に口腔ケアが行われたものと認めることができる。」

　いかがでしょうか。最後はどちらを信用するかで判断しているのですが、その根拠は結局、記録なのです。施設内で作成された記録、救急隊の搬送時の記録、病院の記録…。その上で、本件では複数の職員に尋問まで実施していますが、全員が同じ証言をしている。このような被告の主張が正しいという結論を指し示す要素を一つひとつ吟味し、積み上げていくことで「真実」という輪郭が浮かび上がってくるのです。

　同様に原告は、「夏子には、夕食後に異変が生じていた、被告職員

が行った口腔ケアは、夏子に異変が生じていたことに対する緊急の行為であった」とも主張しました。

　この点についても裁判所は、現場職員らの証言は不自然なものとは言えないとして退けています。

🛈 対応相手別！ワンポイントアドバイス

（1）現場職員に対して

●施設側の責任が認められなかった場合でも…

　誤嚥対策として意識すべきポイントをまとめておきましょう。

> 誤嚥前：利用者に声がけをし、できるだけ近くで様子を観察し続
> 　　　　ける。
> 急変後：異物の目視確認と除去、ハイムリック法、心臓マッサー
> 　　　　ジ、人工呼吸。119番通報、家族、上長への報告。残渣
> 　　　　物の写真撮影、一連の経緯の速やかな記録化。

　誤飲前の予防策としては、とにかく利用者一人ひとりをよく観察し注意を払うこと、と言えますが、利用者の容態が急変した後には、状況に応じて具体的にやるべきことがたくさんあります。

　今回は複数人で利用者を見ていたこともあり、職員としてすべきことは果たしていましたが、夜間帯など一人で何とかしなければならない状況もあるでしょう。本件では請求棄却となり、施設側の責任は認められませんでした。しかし、それで良しとせず、改めてどのような対応を行ったか、改善できる点はなかったか、振り返りを行うことでレベルアップを目指していきましょう。

（2）施設長として

●救命処置は普段からの教育がものを言う

　上述の通り、現場職員に普段から緊急対応の心構えや実際にとるべき措置を教育・訓練しておくことが必要です。もちろんマニュアルも整備し、研修を実施したらその事実と内容、職員間の定着度合いのテスト結果も併せ記録しておきましょう。上長として最低限の教育は施していたことを立証するには、普段の取り組みを記録化する以外にないのです。いざ事が起きてしまっては「時すでに遅し」です。

　また本件のように、夜半や明け方にも、緊急の報告が現場から上がってくることは、しばしばあることでしょう。施設長も人間ですから休みたいところですが、やはり緊急時は利用者の救命を優先しなければなりません。労働法に違反してはいけませんが、いざというとき迅速に連絡が取れる体制を構築できていれば現場も安心できます。

（3）事業所全体として

●時間差をおいての急変にも対応できるよう考えておこう

　今後、現場において本件の利用者のような重度者が増えていくものと思われ、このように食後時間差をおいてから急変、というパターンへの対策も必要となってきます。場合によっては日勤の職員が帰った後で、手薄な人員体制のときに異変が起きるかもしれません。常に「最悪の事態」を考え、最低限の措置が実行できるよう考えておくことが求められます。

裁判例 8　　介護老人保健施設での窒息疑い事故

　介護老人保健施設の入所者が、食事中に意識を失い搬送されたものの死亡したケースで、遺族は「職員らの注意義務違反により食物を誤嚥し窒息死した」と主張し損害賠償を求めましたが、裁判所は「そもそも窒息死とは断定できない」として請求を棄却したという裁判例です。

....

事故基本データ

・判決日　　令和 2 年12月21日／岐阜地方裁判所判決／平成31年（ワ）
　　　　　　第136号
・原告　利用者の家族 3 名（妻と 2 人の子）
・被告　医療法人
・請求金額　2,789万2,301円

裁判結果

・認容額：請求棄却（ 0 円）

当事者プロフィール

・利用者プロフィール

　さとし（仮名）　昭和11年生まれ（事故当時80歳）

　平成29年 4 月18日、被告施設に入所。高血糖（ 2 型糖尿病）、高血圧で、中等度ないし高度の認知症（アルツハイマー型認知症）であり、要介護 3 と認定されていたが、同年 5 月17日には要介護 4 に変更された。

　さとしの障害高齢者自立度は「Ｂ 1 」（屋内での生活は何らかの介助を要し、日中もベッド上での生活が主体であるが、座位を保つ。車いすに移乗し、食事、排泄はベッドから離れて行う）、認知

症高齢者自立度は「Ⅲa」（日中を中心として、日常生活に支障を来すような症状・行動や意思疎通の困難さが見られ、介護を必要とする状態が見られる）と判定されており、日常の意思決定を行うための判断能力は著しく低く、自己の意思をほとんど伝えることができない旨の主治医の意見が付されている。

　食事行為に関しては、食べるものと食べられないものの区別がつかないという問題は指摘されているが、嚥下、食事摂取については介助を要するものとされておらず、主治医の意見も食事行為については自立ないし何とか自分で食べられるとされていた。

・事業所プロフィール

　介護老人保健施設（以下、「本件施設」という）を経営する医療法人。

事故に至る経緯

・さとしの健康状態等

　さとしは、血糖管理のため、平成29年5月25日、入院した。入院後、同月29日から発熱し、精査の結果誤嚥性肺炎と診断され、その治療を受けたほか、低ナトリウム血症の進行が認められて抗利尿ホルモン不適切分泌症候群と診断され、その治療も受けた。

　入院当初のさとしには普通食が提供されていたが、誤嚥性肺炎の診断後はきざみ食へ食事内容が変更された。入院中のさとしの食事に関し、診断書では、「入院以前より入所施設より異食が指摘されていた。食事中食べこぼしが多いが明らかなむせ込みなど誤嚥をされている印象は認めなかった」、「誤嚥性肺炎の診断後はきざみ食へ食事内容変更、問題なく食事摂取を行えていた。食事を介助する際、エプロンを食べようとするなど異食に関しては入院後も認めていた」とされている。

　さとしは、同年6月28日に退院し、本件施設に戻った。

・本件事故の発生

　平成29年7月31日午後5時5分頃、さとしは、本件施設の2階東

デイルームにおいて車いすに座って夕食を開始し、午後5時20分頃、完食した。主食は全粥、副食は超刻み、とろみの強度は3と設定されており、同日の夕食の内容は、お粥（軟飯、とろみ）、すり身の和風あんかけ（超刻み食、とろみ）、里芋煮（軟菜、一口大、とろみ）、枝豆の白和え（軟菜、刻み、とろみ）であった。

　さとしは、午後5時10分までの5分間に食事の7割程度を自力で摂取した。それ以降は、本件施設の職員中山（仮名）が介助を行い、午後5時20分頃、さとしは食事を完食した。中山は、他の利用者の口腔ケアのためにさとしのもとを離れて同フロアにある洗面所に向かった。食事終了後のさとしは、車いすに座ったまま斜め上を見るような形で目をつぶっていた。

　午後5時25分頃、さとしの様子に異変を感じた本件施設の職員内田（仮名）は、担当していた利用者の食事介助を中断し、さとしのそばに行って声をかけた。ところが、さとしの反応がなかったため、中山と本件施設の職員1名を呼び、さとしの様子をみてもらった。

　午後5時30分頃、本件施設の職員は、さとしを同フロアのサービスステーション前まで運んだ。さとしは開口したまま、頸部後屈、瞳孔散大、顔面蒼白の状態で意識を喪失していた。本件施設の職員らが、さとしに対して心臓マッサージを行い、それに引き続いて吸引を行ったところ、食物残渣が大量に引けた。再度心臓マッサージを行い、アンビューバック（手動で送気し人工換気を行う器具）による人工換気も行った上で吸引を行ったところ、口腔内に胃内容物が上がってきた。

　午後5時35分頃、さとしに対して心電図が装着され、波形がわずかに観測された。その後もさとしに対する心臓マッサージ及びアンビューバックによる人工換気は継続された。

　午後5時47分頃、消防署所属の救急隊が本件施設に到着したが、そのときさとしは既に心肺停止状態にあり、救急隊により、直ちに病院に搬送されたものの（病院到着は午後6時5分）、午後6時39分頃、同病院において、さとしの死亡が確認された。

・死亡診断書

　病院の医師が作成したさとしの死亡診断書には、病名「気道内異物による窒息」と記載され、「来院時、対光反射なく瞳孔散大、自発呼吸なし、心電図波形はＰＥＡ（無脈性電気活動）の状態であった。ノルアドレナリン投与を行いつつＣＰＲ（心肺蘇生法）継続。蘇生活動を行いつつ当院緊急入院とし、画像検査・採血検査を施行。気道内異物及び気管内液貯留を確認し、気道内異物による窒息であると診断。その他所見としては、両側肺野に浸潤影（慢性誤嚥疑い）、腸管内ガス貯留像あり。低酸素状態の継続が長く、アドレナリン投与による心拍の再開も確認できなかった」と付記されている。

判決文ハイライト

「争点（さとしの死因は誤嚥による窒息か）について

　病院の医師は、さとしの死因について、死亡確認後、画像診断を行い、気道内に異物があり、かつ気管内液貯留が確認されたとして、気道内異物による窒息であると診断書に記載している。

　もっとも、死亡確認後の画像診断の結果は、いつの時点でいかなる機序で気道内に異物が入ったのかまでを直ちに明らかにするものではない。そこで、さとしが死亡に至るまでの間、いかなる時点で誤嚥が生じたのかについて検討する。

　この点、さとしは、午後５時５分頃夕食を開始し、午後５時20分頃には夕食を完食しているところ、その後の午後５時30分頃の時点で瞳孔が散大しており、心臓マッサージと吸引、人工換気が開始されたことからすれば、その頃には呼吸停止状態にあったと解されるから、窒息の原因となるような誤嚥があったとすれば、当該夕食の食事中か、完食後の約10分の間のことであると仮定できる。

・食事中の誤嚥の可能性について

　原告は、死亡当日の夕食につき、さとしが５分間で７割程度の量を自力で摂取していることを指摘し、このような食事摂取の仕方は、

口腔内や咽頭内に食物を残存させ、食物の誤嚥を惹起し得るものである旨主張する。

　しかしながら、さとしの食事は1食当たりのエネルギー量が480キロカロリーであって、食事の総量自体がそこまで多くはなかったと認められ、その内容も全粥等であったことを踏まえると、食事の7割程度を5分間で摂取することが危険な速度の食事摂取であると一概にはいえない。また、さとしは、5分間で食事の7割程度を自力で摂取した後、残りを中山の介助のもと10分間かけて摂取しているが、その間、さとしにむせ込みや顔色の変化、呼吸困難等の異変があったことは確認されていない。

　そうすると、さとしが、5分間で夕食の7割程度を摂食したことをもって、さとしが食事中に食物を誤嚥し、これにより気道閉塞が生じたとは直ちに認め難い。

・完食後の誤嚥の可能性について

　次に、さとしが、夕食完食後間もなく重篤な気道閉塞を起こした可能性について検討すると、さとしが、夕食完食後、意識喪失状態で発見されるまでの間に、むせ込んだり、チアノーゼ、痙攣等の症状を呈したとは認められないし、内田がさとしの異変に気付いた時点や意識喪失状態のさとしがサービスステーション前まで運ばれた時点において、さとしの口腔内に食物が残存していたり、口周辺に食物が付着しているなど、さとしが食物を逆流させたことをうかがわせる事情は認められないことからすると、さとしが夕食完食後に口腔内に残存していた食物を誤嚥し、あるいは、嚥下した後に食物の逆流を起こし、それを誤嚥したとも認め難い。

　この点について、原告らは、認知症の高齢者であるさとしが不顕性誤嚥を起こしていた可能性や、さとしが生理的防御反射を生じさせていたものの、その程度が小さく、内田が気付かなかった可能性を指摘する。

　しかしながら、さとしは、死亡の3日前に実施された食事の観察の際においても食事の後半においてよくむせることが確認されてい

るなど、さとしの気道内の生理的防護反射機能は周囲に把握できる程度のものとして一定程度保たれていたことが認められるから、食物を誤嚥したのであれば、気道閉塞を生じ死亡に至るまでの間に一切むせを生じなかったとは考え難い。

　また、この点を措くとしても、急性窒息の症状である血液中の酸素濃度低下により生じるチアノーゼや、脳血流中の無酸素及び高二酸化炭素血症により生じる痙攣が、高齢者や認知症患者には生じないことがあることを示す知見も見当たらない。そうすると、前記諸症状がいずれも認められないことは、さとしが高齢かつ認知症であったことを踏まえても、さとしが窒息を起こしていないことを相当程度推認させる事情であるということができる。

　したがって、この点に関する原告の主張は採用できない。

　むしろ、本件施設の職員らが意識を喪失したさとしに対し心臓マッサージを開始した後、吸引により食物残渣が多量に引けているところ、心臓マッサージの際に圧迫する部位は胃及び食道に近接していること、病院に搬送されるまでの間にも胃内容物の逆流が複数回確認されていること、一方、人工換気が継続され換気状態は良好であったことからすれば、心臓マッサージによって逆流した胃内容物等がさとしの気道内や気管内に混入した可能性を否定することはできない。

　そうすると、病院の医師が作成した診断書の上記記載内容から直ちにさとしの死因が本件施設における食事介助中又は食事終了後の見守り中に生じた誤嚥による窒息であると認めることはできない。」

●利用者の重度化への対応

　本件の裁判所の認定は驚きですね。食事中に意識を失ったからてっきり誤嚥かと思いましたが、そもそも誤嚥ではないとしたのですね。

外岡先生　そうです、このように「一見誤嚥に見えても実は誤嚥ではなかった」というパターンの裁判例が、実は令和に入り立て続けに見られました（令和元年 9 月 9 日東京地裁立川支部判決（平成27年（ワ）第2709号）、令和 2 年 7 月31日札幌地裁判決（平成30年（ワ）第1732号）。

Cさん　言われてみれば、確かに思い当たることがあります。異変に気付いた職員が、てっきり誤嚥窒息と思い一生懸命ご利用者の口腔内にチューブを入れ吸引等をしても、異物が全然引けないことがありました。おかしいなと思いましたが、あれももしかすると誤嚥ではなかったのかもしれません。

外岡先生　誤嚥状態になれば、呼吸苦の訴えやむせ、チアノーゼ等の症状が出るはずですから、そうした兆候が初期の発見段階で見られたか、が重要です。

Cさん　なるほど、静かに意識を失ったということであれば、脳梗塞や心筋梗塞といった別の可能性もあるわけですね。

外岡先生　はい。誤嚥対応の重要事項である、ご利用者の様子観察の重要性がここでも際立っていますね。
実は、この「そもそも誤嚥ではない」という問題意識が置き去りになり、職員があわや有罪とされかけた有名な事件があります。長野県の特別養護老人ホームで起きた事故が、刑事事件になりました。ご利用者のおやつにゼリーを配布するところ、他の利用者と同様にドーナツを配った准看護師の職員が、業務上過失致死罪に問われた事件です。

その件は大きく報道され、無罪を求める署名運動にもなったのでよく覚えています。たしか地裁では有罪になったものの、東京高裁で逆転無罪になったのですよね。

その通りです。ただ、結論は無罪で妥当なのですが、その理由が問題です。この事件で被告人側は、「そもそもドーナツが気道に詰まったとは考えられない」と公判で一貫して主張していました。事実、当該職員が死亡した利用者の真横にいたにも関わらず、うめき声やむせ等が一切聞かれないまま意識を喪失していたのです。ところが、捜査に入った警察は、誤嚥事故という前提で職員らから聞き取りを行い、そのストーリーに沿った供述を集め証拠固めをしていきました。その結果、誤嚥事故を起こしたという罪に問われてしまったのです。

それは恐ろしい話ですね。誤嚥か否かの見極めは、最初が肝心ですね。

その通りです。東京高裁でもこの「誤嚥か否か」という論点は審議されず、「おやつを誤配したことにつき過失は認められない」という理由だけで幕引きとなりました。よってこの問題は未解決のままなのです。

それにしても、今回の裁判例8の裁判では、医師が死亡診断書にはっきり誤嚥と書いたにも関わらず、これを否定したのですね。すごい話です。

私も、その点が画期的であると思います。教訓として、「医師の判断が全て正しいとは限らない」ということが言えるでしょう。現場の認識からどうしても引っかかることがあれば、安易に誤嚥と結論づけて事故報告書等を書かないことです。

納得いくまでしっかり原因調査することが大事なのですね。

それに加え、第三者が検証できるよう詳細かつ正確な記録を取ることも重要です。そのためには、異変に気付いたときからご利用者をよく観察し記憶する意識が、職員には求められます。

📖 もっと詳しく！ 解説

●誤嚥以外の死亡可能性

　裁判所は、誤嚥以外の死亡可能性について、以下のように詳細かつ緻密に検証しています。これは、医師が誤嚥を死因とする診断書まで作成したことから、そうではなかった可能性を示す必要があったものと思われます。

〈判決文（抜粋）〉
「・急性心筋梗塞の可能性
　さとしは2型糖尿病であり、病院における入院治療後も、その血糖値は高値を保っていたことからすれば、さとしは、通常よりも心筋梗塞を発症する危険性が高い状態にあったということができる。また、さとしが意識を喪失した後に実施された血液検査における血中FDP及びDダイマーの数値も高値であり、心筋梗塞

を発症していたとしても矛盾しない。

　さとしにおいて、心筋梗塞の典型的な症状である胸部疼痛が発生していたことは確認されていない。しかし、高齢者や糖尿病患者においては無痛性心筋梗塞を発症することがある旨報告されており、胸部疼痛発生の兆候がなかったとしても、そこから直ちにさとしが心筋梗塞を発症していた可能性が否定されるわけではない。

　また、心電図におけるＴ波の増高も確認されていないが、さとしに関する心電図はいずれもＰＥＡ状態かあるいは心臓マッサージ中のものと解されるところ、心筋梗塞の初期においてＴ波の増高が確認されるとしている医学的文献はいずれも、心臓の自発的な収縮が生じている場合（ＱＲＳ波が観測できる場合）を前提としていると解され、ＰＥＡ状態や心臓マッサージ中においても心筋梗塞の発症に伴うＴ波の増高を観測することができるか疑いが残る。そうすると、さとしの心電図上、Ｔ波の増高が確認されていないことをもって、さとしが心筋梗塞を発症していた可能性を否定することはできない。

　さらに、さとしの血液検査結果において、心筋梗塞の発症を示す、ＣＫ、トロポニンＴ及び白血球数の増加が確認されていないが、前記血液検査が行われたのはさとしの異変が確認されたとき（午後５時25分頃）から１時間も経過していない午後６時13分であり、各数値の上昇に関する医学的知見からすれば、数値の上昇が始まる前であった可能性を否定できず、前記血液検査の結果によってもさとしが心筋梗塞を発症していた可能性は否定されない。

　以上から、さとしが急性心筋梗塞を発症していた可能性を否定することはできない。」

!　対応相手別！ワンポイントアドバイス

（1）事故現場に居合わせた職員に対して

●誤嚥の典型的症状を学び、ご利用者を観察する

　ご利用者が食事中に急変したからといって、安易に誤嚥と決めつけてはいけません。むせやチアノーゼなどの典型症状が見られるかを冷静に観察し、他職員と共有しましょう。

（2）現場の管理者（上長）の対応として

●搬送直後から現場の保存と記録を徹底する

　誤嚥事故は時間との勝負であり、異変直後から怒涛のようにとるべき措置を講じていく必要があります。一通り終わっても油断せず、ご利用者の口から採取された食物残渣物を捨てずに保存したり、写真撮影する等して証拠化しておきましょう。関与した職員全員にヒアリングを行い、どのようなことが起き何を行ったかを確認していきます。

（3）事業所全体として

●誤嚥対応マニュアルの見直しを

　ほとんどの施設では既に誤嚥事故の対応マニュアルを備えていることと思いますが、「そもそも誤嚥か否か」という入口の段階での判別について意識的に記述されているかをチェックしましょう。長野県の刑事事件の二の舞にならないよう、「最初が肝心である」という意識を持つことが重要です。

3. 離設・徘徊

デイサービスの認知症利用者の離設死亡事故

　認知症の利用者が施設を出ようとして事故を起こすというケースが多く見られますが、本件は利用者が行方不明になり、数日後に死亡した状態で発見されたという痛ましい事件です。

....

事故基本データ

・判決日　平成28年9月9日／福岡地方裁判所判決／平成26年（ワ）
　　　　　第3028号
・原告　利用者の家族3名
・被告　社会福祉法人
・請求金額　2,965万526円

裁判結果

・認容額：2,870万8,946円
・内訳：文書料　5,000円

　　　　死亡逸失利益　210万3,947円
　　　　死亡慰謝料　2,000万円
　　　　遺族固有の慰謝料　400万円
　　　　弁護士費用　260万円

当事者プロフィール

・利用者プロフィール
　のりこ（仮名）　昭和12年生まれ（当時76歳）　要介護2

　平成24年11月21日、アルツハイマー型認知症と診断され、平成25
年10月頃、認知症高齢者自立度においてⅢ a ないしⅢ b（日常生活
に支障を来すような症状・行動や意思疎通の困難さが夜間にも見ら
れるようになり、介護を必要とする状態）と評価された。

・事業所プロフィール

　養護老人ホームの経営、老人デイサービス事業の経営等の社会福
祉事業等を目的とする社会福祉法人である。デイサービスセンター
は、被告が福祉介護事業（養護老人ホーム、特別養護老人ホーム、
ケアハウス等）に供する建物（以下、「本件建物」という）の２階
の１区画（デイサービスエリア）にあり、２階に設置された本件建
物正面玄関に近接する位置に存在する（建物内の構造は、図－15参
照）。

図－15　建物内（本件における離設の経路）

施設の出入り口は、正面出入り口、建物正面玄関に通じる防火扉非常口（同図面記載の「デイ非常口（防火扉）」の箇所、以下、「本件非常口」という）、養護老人ホームに通じる防火扉非常口の３つがある。また、デイサービスエリアの内部は、一般利用者と認知症利用者の滞在位置が区分されている。

事故に至る経緯

平成25年12月13日、のりこは被告が経営するデイサービスセンター（本件施設）に体験入所し、同月16日、被告と本件施設の利用契約（本件利用契約）を締結した。

本件利用契約第11条第１項では、被告およびサービス従事者は、サービスの提供にあたり、のりこの生命、身体、財産の安全、確保に配慮するものと規定し、同条第４項では、被告はサービス提供時において、のりこに病状の急変が生じた場合とその他必要な場合は速やかに主治医への連絡を行う等の必要な措置を講じるものと規定している。

のりこは、平成26年１月23日午前９時頃、施設職員の送迎により施設に通所した。このときのりこは「帰りたい。主人が迎えに来ている」などと言っており、帰宅願望が認められていた。

同日午後０時39分頃、のりこは非常口から施設（デイサービスエリア）を抜け出し、建物正面玄関から屋外に出て、本件建物の敷地の出口に向かって歩き、建物の敷地外に出てしまった。

のりこが施設内にいないことに気付いた職員は、建物内部やその周辺を探し、さらに警察と町役場などに連絡をした。これにより、警察は警察犬による捜索を実施し、町役場は防災無線により行方不明であるのりこの情報を募る町内放送を実施。

しかし、行方不明になってから３日後の平成26年１月26日、本件施設から直線距離で約1.5km離れたキャベツ畑において、のりこの遺体が発見された。

翌日、のりこの司法解剖が実施されると、死因は低体温症（凍

死）、死亡推定日時は同月23日夜頃と判断された。

判決文ハイライト

「争点１（被告職員の過失、被告の債務不履行及び過失の有無）について

　本件事故当日、本件施設においては、28名の施設利用者に対して９名の被告職員が対応をしており、この人員体制をもって、のりこを含む本件施設利用者の動静を見守るための体制として不適切ないし不十分であったとは直ちに認めるに足りない。

　そして、本件事故当時は昼の時間帯であり、９名のうち４名が昼休憩をとり、５名の被告職員のみで対応をしていたとはいえ、これは昼休憩時の一時的な状況であって、本件施設の利用者滞在スペース（デイサービスフロア）が一区画の大部屋であるとしても、限られた時間であれば、５名の職員によって本件施設利用者全体の動静を把握できない状況であったとは必ずしも認められないから、本件事故当時の本件施設における人員体制をもって、利用者が本件施設を抜け出すことを防止するためのものとして不適切であったとまでは認めるに足りない。

　また、本件施設の出入り口にはデイサービスエリア正面出入り口を除き、人の出入りを音で知らせる器具等は設置されていなかったものの、上記人員体制の下、被告職員が本件施設利用者の動静を適切に見守ることにより、本件施設利用者が本件施設を抜け出すことを防止できることからすれば、本件非常口に正面出入り口と同様の器具等を設置していなかったことをもって、物的体制の不備とまでは認めるに足りない。

　したがって、被告において、人的・物的体制の整備を怠った義務違反（過失）があるとは認められない。

　もっとも、のりこには徘徊癖があって、本件事故当日においても帰宅願望があり、本件事故の直前、のりこは、デイサービスフロア内の椅子から立ち上がり、被告職員が所在する同フロア内を歩行し

211

て本件非常口へと向かっていることが認められる。

　このこのりこの行動については、女子トイレが同じ方向にあるとしても、被告職員において、のりこが本件施設を抜け出すおそれのある危険な兆候として捉え、少なくとも、その行き先を目で追い、一定時間後の所在の確認を要するものであって、のりこの本件施設からの抜け出しと徘徊についての予見が可能であったというべきである。

　この点、被告は、本件事故以前の本件施設利用時にのりこに異常行動がみられず、予見可能性がなかったなどと主張するが、被告側において、のりこに徘徊癖のあることを認識している以上、のりこの本件施設からの抜け出し、徘徊を警戒すべきことは当然であって、被告の上記主張は採用することができない。

　被告職員は、誰一人としてのりこの上記行動を注視せず、のりこを本件施設から抜け出させているのであって、デイサービスフロアにいた職員において、施設利用相談への対応や引き膳作業に従事していたとしても、のりこを含む本件施設利用者の動静に意を払うことができなかったものとは認められず、そうすると、被告職員において、のりこが本件施設を抜け出して徘徊することがないよう、その動静を見守るべき義務（注視義務）に違反したものと認められる。

　そして、現場の被告職員において、のりこを本件施設からこのように容易に抜け出させたとすれば、これは、被告における被告職員に対する日常的な指導や監督が不徹底であったことを裏付けるものに他ならず、被告において相当の注意をもって被告職員を指導監督すべきであったと言うべきである。

　以上によれば、被告側において、のりこが本件施設を抜け出すことがないよう同人の動静を注視する義務を怠ったと認められ、これは被告の本件利用契約上の債務不履行であるとともに不法行為でもあるから、被告は、債務不履行責任及び使用者責任を負うものと認められる。」

「争点2（被告職員及び被告の権利侵害又は債務不履行とのりこの死亡との間の相当因果関係の有無）について

　のりこには、本件事故当時、徘徊があり、自宅から徘徊を始めた場合には自力で帰宅できていたとはいえ、外出先のスーパーからいなくなった後、ガソリンスタンドでうずくまっているところを警察に保護されたことがあるなど、認知症の中核症状の一つである見当識障害のために、不慣れな場所においては、自身の置かれた状況を適切に理解することができない状況にあったものと認められる。

　そして、本件施設の所在地は、のりこの居住地から離れており、のりこの日常生活の活動範囲外にある上に、のりこは、本件事故以前に送迎等により体験入所を含めると本件施設を8回利用したことがあるのみであったから、のりこには本件施設周辺の土地勘がなかったものと認められるところ、のりこが本件施設を抜け出して徘徊した場合には、独力で本件施設や自宅に帰り着くことはおよそ困難であったものと認められる。

　また、上記判示のとおり、のりこに本件施設周辺の土地勘がなかったことに加え、その歩行能力には特段の問題がなかったことによれば、本件施設を抜け出したのりこが徘徊し、容易に発見できない場所に迷い込むことは十分にあり得る事態であり、さらに、本件事故当日の気温が平均で4.9度、最低では0.6度と低かったこと、のりこが本件施設を抜け出した際、来所時に身につけていた上着を着ていなかったことを踏まえると、のりこが発見されずに低体温症により死に至ることも十分にあり得る事態であったというほかない。

　以上判示の各点を総合すれば、のりこが本件施設を抜け出して徘徊した場合には、独力で帰り着くことができず、発見もされないまま低体温症により死亡に至ることが十分にあり得るものと言えるところ、のりこの動静の注視を怠り本件施設から抜け出させた被告側の義務違反行為とのりこの死亡結果との間には、相当な因果関係があると認められる。」

Aさん

在宅の利用者も散歩に出かけたまま帰って来なかったり、徘徊することはしょっちゅうです。今回のような事故は、正直それこそ「家に居ても起こる事故」ではないかと思うのですが。

外岡先生

その言い分が通用しないのが、裁判の恐ろしいところです。結局「預かった以上は見守り責任がある」とされてしまい、「家に居ても…」というのは言い訳だ、とされてしまう訳ですね。

●非常口の施錠は絶対 NG ？

Aさん

本件では寒い日に一人で外を歩き回り、結果凍死されたという気の毒な事件でしたが…28名も利用者がいて、9名も職員がいる中で誰にも気付かれずに外出できてしまったというのも、第三者が結果論的に見れば迂闊(うかつ)だったということになるのかもしれませんが、それにしても現場職員は一時も利用者から目を離してはいけないということかと思うと、気が重くなりますね。先生、そもそも本件のような非常口は、施錠してはいけないものなのでしょうか？

外岡先生

非常口の施錠の可否については、実は自治体ごとにより異なります。例えば東京都であれば、都の「火災予防条例」があり、そこには「前号の戸（※非常口）は、公開時間又は従業時間中は、規則で定める方法以外の方法で施錠してはならない」と定められています（第54条第4号）。そして、この条例に付随する「火災予防条例施行規則」には、非常口の管理の条件として「鍵(かぎ)等を用いず屋内から一の動作で容易に解錠できるもの」と定めています（第11条の3）。

これだけ見ると、鍵を用いて解錠する時点でアウトであるかのように思えますが、同じ条項には次のただし書きがあります。「ただし、人が常時監視し、非常の際容易に解錠できる場合は、この限りでない」。

つまり介護施設でいえば、職員がいつでも目を配ることができ、かつ非常時にはその職員が簡単に開けられるようになっていれば良いということです。そうなると、必ずしも鍵を用いた施錠が不可とは言い切れないことになります。ですから実務上は、念のため地元の消防署に尋ねた方が良いでしょう。自治体ごとに異なるとはいえ、元は総務省消防庁の雛形を参照しているため、上記のガイドラインとそうかけ離れたものにはならないと思われますが。

なるほど、やはり結論としては施錠が絶対 NG ということではないのですね。

● 物理的な脱出予防策を講じよう

私が今までセミナー等でこの裁判例を取り上げたところ、受講者の皆さんは「責任者がマスターキーを持っており、普段は施錠している」という答えが返ってきました。現場ではそのようにしているところが多いのかもしれません。ですが本当は、施錠までせずとも非常口からの脱出を予防する手立てはあるはずなのです。

赤外線センサーを取り付ける等でしょうか？

それも 1 つの手ですが、喫茶店の入り口のベルのように何か鳴るものを取り付けたり、原始的な方法でもないよりはマシ

です。この点につき、実はこの判決は原告の主張を正面から認めていないのです。裁判において原告である利用者家族は、次の通り主張しました。

> 「被告には、認知症罹患者を含む要介護高齢者を預かる以上、本件施設利用者が勝手に本件建物の正面玄関から脱出しないような体制、もしくは脱出したとしても被告職員がこれを容易に認識して利用者を連れ戻すことができるような体制を構築すべき注意義務がある。しかし、被告は、人の出入りが予想される本件施設の正面出入り口並びに本件非常口及び本件建物の正面玄関に、監視員等の配置やブザー及びベルなどの音が鳴る器具を設置せずに、何らの措置も講じていなかったのであるから、上記義務に違反した。」

外岡先生 ところが判決では、先に見た通り「被告職員において、のりこが本件施設を抜け出すおそれのある危険な兆候として捉え、少なくとも、その行き先を目で追い、一定時間後の所在の確認を要する」と判示し、要するに物理的予防策ではなく、あくまで現場職員の人力で離設を食い止めるべきだった、としているのです。

Aさん こう言ったら裁判官の方に失礼かもしれませんけど、現場の職員数が圧倒的に足りないことを知らないようにも思えます。

外岡先生 その通りだと思いますよ。少なくとも個々の職員の注意や努力に頼る、という根性論ではダメだと思いますね。人間ですから当然疲れやミスもあり、精神論で「頑張ろう」とかけ声

をかけているだけではいずれ皆疲弊します。現場の皆さんには、ある意味この判決を反面教師として、「現場職員がたとえ注意散漫であっても、最悪の事態は防ぐことができる仕組み作り」を心掛けてもらいたいものです。

📖 もっと詳しく！　解説

●介護事故では利用者側の落ち度は考慮されない

　被告の施設は必死に反論し、「離設徘徊の責任までは負うとしても、死に至ることまでは予期できない。因果関係も認められない」と主張しました。のりこさんが他人への意思伝達能力等を欠いておらず、助けを求めようとすればそれが可能な環境にあったと言うのです。

　確かに現場は、本件建物からのりこさんの発見現場に至る複数の経路において人通りのある道路や民家が存在していました。近隣の民家に助けを求めることができれば、死亡との因果関係までは認められない、とされていたかもしれません。

　しかしのりこさんは、認知症であり、見当識障害が生じ、時や場所、状況等の失見当および誤見当がありました。だからこそ助けを求めることもできず、屋外で一人凍死するという結末を迎えたのです。

　裁判所は「のりこにおいて、自身の置かれた状況に対して適切に対応できる能力があったのであれば、本件建物周辺に土地勘がなく、自宅への道順を知らなかったと考えられる状況下でも、キャベツ畑のあぜ道上において低体温症により死亡することはなかったのであって、のりこが上記見当識や対応能力を備えていたとは認め難く、のりこが他人に助けを求めるなどして生命に対する危機を回避することは困難であったものと認められる」と判示しています。

　裁判ではしばしば、このように訴えられた施設側が「利用者にも責任がある」という主張をし、そのために原告である利用者側はさらな

る精神的ダメージを受ける、ということがあります。しかし結局裁判所としては、そのように認知症の利用者自身に問題があったと認定するようなことは通常ないと言えます。例えば交通事故等では「過失相殺」（被害者側にも落ち度があったとして賠償額を減額させる）を行うことがセオリーですが、介護事故の場合は利用者側の落ち度というものはあまり考慮されないという傾向があります。

❗ 対応相手別！ワンポイントアドバイス

（1）現場に居合わせた職員に対して

●最悪の事態を考えて警察にすぐ届け出を

のりこさんの不在に気付いて以降の現場職員の対応としては、「本件建物内部やその周辺を捜索し、併せて、警察及び○町役場などにその旨を連絡した。警察は、警察犬による捜索を実施し、○町役場は、平成26年１月25日午前８時以降、防災無線により、行方不明であるのりこの情報を募る町内放送を実施した」とあるところ、さほど問題があるとは思えないかもしれません。

しかし判決では、「被告は、のりこの行方不明が判明した時点で直ちに警察に通報するなどの措置をとっておらず、警察への通報は判明から２時間弱が経過した後に行われているところ、直ちに警察に通報していた場合にのりこが発見され、死亡結果を回避できたかどうかは不明であるものの、必ずしも最善の対応をしたとまでは認められない」と判示し、直ちに警察に通報しなかった点を責めています。

職員としても、必ずしも本件を甘く見てすぐ警察に報告しなかったという訳ではなかったのかもしれませんが、やはり教訓としては、最悪の事態を考慮し一応警察にもすぐ届け出る、という行動が最善であるということになります。

　「そうは言っても、毎回あまり大ごとにしてしまっても…」という懸念もあるかもしれませんが、やはり万が一に備え、離設・徘徊の対応としてはそのようにした方が無難です。

（2）現場の管理者（上長）の対応として

●「時間」を味方につける

　手分けをして探す等、できる限りの方法を尽くすことはもちろんのこと、本件のようなケースでは時間との勝負となるため、上長は警察や行政、そして家族にも速やかに連絡するという重要な役目があります。

　本件のように亡くなって発見される場合は、変わり果てた身内と対面した家族の辛さもいかばかりかと思われますが、取り返しのつかないことをしてしまったときこそ、発想として「時間を味方につける」意識を持つことが重要です。つまり、焦って早期に決着を付けようとするのではなく、むしろ時間をかけてじっくりと腰を据えて向き合っていくのです。謝罪を続け、場合によっては1年、2年経過しても遺族は許してくれないかもしれません。しかし、そうかといって「相手から何か言ってくるまで待てばいいや」と放り出すことは厳禁です。本件もいかなる経緯で訴訟に至ったのか詳細は不明ですが、やはり「裁判までするということは、本当に事業所のことを許せないと思っている」と思うくらいがちょうど良いでしょう。

（3）事業所全体として

●離設・徘徊には何重もの対策を！

　離設・徘徊の予防策は、非常口のアラート設置だけでなく、二重三重に講じることが可能です。一番確実なセーフティーネットが、近所

の商店街や交番、民家等に挨拶をして回り、特に帰宅願望が強い利用者などについては、「もし80代くらいのおばあちゃんが一人で歩いているようなことがあったら、うちのご利用者様かもしれないので、こちらにご連絡頂けますでしょうか」等と、もしものときに備え協力を求めることです。

その際、まだ徘徊が現実に起きていない段階では、特定の利用者の氏名や背格好などを伝えてしまってはいけません。個人情報に該当するためです。しかし一方で、いざ事件が起きればそれは外部に伝えても構わないことになります。利用者の生命・身体を守るため緊急やむを得ない場合には、個人情報保護の要請は一時的に免除されるのです。覚えておきましょう。

その他、最近は靴にGPS発信機を付ける等、いわゆるICTを駆使した方法もあります。過度に行動を監視するようになると人権侵害となりかねませんが、背に腹は代えられないというときもあるかと思います。各自治体の取り組み等を参考に、複数の手立てを講じてみてください。

4. 投薬ミス

裁判例10　介護老人保健施設における医師の投薬ミス

　介護老人保健施設に入所後、2か月で死亡した利用者の遺族が、施設の医師が抗てんかん薬の投与を中止したこと、および早期に肺炎を疑って診断し、転入院措置を採るべき義務に違反した等として賠償を求めた事件です。

　突発的な転倒・誤嚥以外にも、このように肺炎や脱水症状、ガンの進行の見落とし、褥瘡の悪化等継続的に少しずつ変化していく病状についても訴訟になることがあるため、特に施設は注意が必要です。それまでの対応が医学的見地から妥当か否かが争われ、医療訴訟に近くなり、紛争も長期化・重厚化しやすいと言えます。

事故基本データ

・判決日　平成29年5月17日／鹿児島地方裁判所判決／平成27年（ワ）第597号
・原告　利用者の相続人（妻）
・被告　医療法人社団
・請求金額　2,750万円

裁判結果

・認容額：1,870万円
・内訳：死亡慰謝料　1,700万円
　　　　弁護士費用　170万円

当事者プロフィール

・利用者プロフィール

　たかし（仮名）　昭和26年生まれ（死亡当時61歳）

　平成元年7月、くも膜下出血を発症し、開頭クリッピング術を受けた。平成23年11月9日、右被殻出血を発症し、脳神経外科病院へ入院。その後いくつかの病院を転々とすることとなり、翌年7月に介護老人保健施設に入所している。

・事業所プロフィール

　診療所および介護老人保健施設を経営する医療法人である。

　高野医師（仮名）は、被告である医療法人団体の理事長であり、介護老人保健施設の施設長であるとともに、内科・小児科・リハビリテーション科を診療科目とする同法人の□□医院の医師でもある。

事故に至る経緯

　たかしは、平成24年7月5日、被告との間で被告施設の入所利用契約を締結し、同日、施設に入所した。

　入所時点で、たかしに処方されていた抗てんかん薬[※1] は、A薬100mg錠剤を1日2錠、B薬10mg錠剤を1日2錠、C薬100mg錠剤を1日2錠であった[※2]。

　同月6日、頭部CT検査を行うと、たかしの左大脳の約3分の2に脳梗塞が認められた。その後、高野医師は次の通り薬の処方を変更した。

・8月13日、A薬の処方を中止。

・8月17日、C薬の処方を中止。D薬（抗てんかん薬）100mgを1日1錠処方することに変更。

・9月7日、B薬の処方を中止。

　その後の同月14日午前3時頃、施設職員がたかしの部屋を訪ねると、ベッド上でうつぶせになり、下肢がベッドからずり落ちた状態でけいれんしているところを発見（以下、「本件けいれん発作」という）。

　　たかしには、このとき痰からみによるゴロ音、頻脈（132回／分）、頻呼吸が見られ、SpO2は70％以下まで低下していた。

　　高野医師は不在にしていたため、里田医師（仮名）が施設の夜勤担当者から連絡を受け、たかしを診察した。

　　施設職員は同日午前10時30分頃、高野医師にたかしの状態を報告。報告を受けた高野医師は、たかしに対してＢ薬の投与を再開するよう指示を出した。

　　その後同月15日午後３時頃、高野医師はたかしに対してＥ薬を処方。同月18日午前９時頃、胸部CTを行い、たかしが誤嚥性肺炎を発症していると診断。たかしは、同日午前11時15分、誤嚥性肺炎を原因として死亡した。

　※１　抗てんかん薬の投与を中止するか否かを判断する際は、抗てんかん薬の投与によって発作が２～３年間抑制されていること、２～４年間てんかん異常波が脳波に見られないことがおおよその目安になる。

　※２　Ａ薬、Ｂ薬およびＣ薬の製剤情報には、「連用中における投与量の急激な減少ないし投与の中止により、てんかん重積症状が表れることがあるので、投与を中止する場合には、徐々に減量するなど慎重に行うこと」が「重要な基本的注意」として記載されている。

判決文ハイライト

「争点（１）ア（たかしに対する抗てんかん薬３剤の投与を中止する措置を採るべきでない注意義務違反の有無）について

　　被告施設の医師は、△△病院からの申し送りにより、たかしが平成23年11月に右被殻出血を発症し、その保存的治療後のリハビリの経過中に症候性てんかんを発症したこと、抗てんかん薬の内服により、てんかんによる発作が抑制されていることを伝えられていた。

　　高野医師は、たかしについて、血液検査を行うなどして上記３剤の投与による副作用の存否等を確認することもなく、抗てんかん薬の長期服用を続けていると「白痴状態」になる人が多いなどの自身の経験的認識のみに基づき、平成24年８月13日にＡ薬、同月17日に

Ｃ薬、同年９月７日にＢ薬の投与を中止した。

　高野医師は、たかしに対する上記３剤の投与を中止する時点において、各医学的知見を把握していなかった。

　被告施設の医師は、平成24年８月から同年９月の時点で、たかしに対する抗てんかん薬３剤の投与を安易に中止すべきでない注意義務を負っていたというべきである。

　そうであるにもかかわらず、上記認定事実及び弁論の全趣旨によれば、高野医師は、血液検査を行うなどして上記３剤の投与による副作用の存否等を慎重に確認することもなく、抗てんかん薬の使用に関する十分な知識を有せず、たかしに対する上記３剤の投与を中止しても問題がないかどうかを確認できない状態で、抗てんかん薬の使用を続けていると「白痴状態」になる人が多いなどの自身の経験的認識のみに基づき、たかしに対する上記３剤の投与を中止したというのであるから、上記注意義務に違反したと言わざるを得ない。

　…以上によれば、高野医師は、たかしに対する抗てんかん薬３剤の投与を安易に中止すべきでないという注意義務に違反したと認められる。」

「争点（１）イ（早期に肺炎を疑い、胸部レントゲン、胸部ＣＴ、血液検査によるＣＲＰ値の確認を行うべき注意義務違反の有無）について

　たかしには、９月14日午前３時頃、痰からみによるゴロ音（喀痰）、頻脈、頻呼吸という症状が見られ、同日午前９時頃には発熱が見られたのであるから、被告施設の医師には、医学的知見に照らし、同時点で、たかしが肺炎に罹患していることを疑い、肺炎所見の有無を判断すべき注意義務があったと認められる。

　そうであるにもかかわらず、被告施設の医師は、同時点で、たかしが肺炎に罹患していることを疑わず、たかしについて、胸部レントゲン、胸部ＣＴ、血液検査によるＣＲＰ値の確認を行わなかったことが認められる。

　　したがって、被告施設の医師は、たかしについて早期に肺炎を疑い、確認を行うべき注意義務に違反したというべきである。

　…以上によれば、被告施設の医師は、たかしについて早期に肺炎を疑い、胸部レントゲン、胸部 CT、血液検査による CRP 値の確認を行うべき注意義務に違反したと認められる。」

「争点（1）ウ（早期に肺炎と診断し、しかるべき病院への転院措置を採るべき注意義務違反の有無）について

　　たかしは、9 月 14 日の時点において、意識レベルが JCS300、SpO2は度々90％を下回り、呼吸数は 1 分当たり30回を超え、重症以上と判断される状態にあり、このようなたかしの状態は、救命救急センター等の三次救急医療機関またはこれに準ずる二次救急医療機関及び地域の基幹病院における入院治療が相当とされるようなものであったと認められる。

　　したがって、被告施設の医師は、遅くとも同日の時点で、たかしが肺炎に罹患し重症以上と判断される状態であると診断した上で、たかしを転入院させるべき注意義務に違反したというべきである。

　　被告は、誤嚥性肺炎に対する治療は、抗生物質の投与であって、高度の医療設備や医療技術を要するものではなく、被告施設においても肺炎に対する治療を行う環境が一応整っていたから、被告施設の医師には、たかしをしかるべき病院に転院させるべき注意義務はなかった旨主張する。

　　しかし、上記のとおり、9 月 14 日の時点において、たかしは、救命救急センター等の三次救急医療機関またはこれに準ずる二次救急医療機関及び地域の基幹病院における入院治療が相当とされる状態であったところ、□□医院には入院設備はなく、また、介護老人保健施設と入院施設として認められるために必要な病院の設置基準は異なるのであるから、被告施設においてたかしの肺炎に対する十分な治療ができたとは考え難い。

　…以上の通り、この点に関する被告の主張はいずれも採用すること

ができない。」

「争点（2）（被告施設の医師の過失とたかしの死亡との間の因果関係の有無）について

　原告は、①抗てんかん薬投与の中止を原因として、たかしが意識喪失を伴う本件けいれん発作を起こし、②本件けいれん発作が原因でたかしは両側誤嚥性肺炎に罹患して死亡するに至ったと主張する。

　そこで検討するに、たかしに対する抗てんかん薬3剤の投与によって、てんかん発作が抑制されていたところ、高野医師による上記3剤の投与の中止は、8月13日から9月7日までの間に順次行われ、同月14日午前3時頃までに本件けいれん発作が生じたことに鑑みれば、上記①の因果関係を認めることができる。

　しかし、②の因果関係については、異物や細菌等が肺に入ってから肺炎を引き起こすまでにはある程度の時間が必要であると考えられるため、9月14日午前3時頃に生じていた本件けいれん発作によって同日午前9時頃までに誤嚥性肺炎を発症し、それが原因で同月18日に死亡に至った蓋然性が高いとは言い難い。

　また、被告の提出した医師の意見書には、てんかん発作単独で致命的な誤嚥性肺炎をきたすことは稀であるとする記載があること、誤嚥性肺炎は気が付かないうちに微量の誤嚥を繰り返す不顕性の誤嚥によって生じることが多いこと、たかしが脳梗塞を有しており、誤嚥性肺炎を発症しやすい状態にあったことに鑑みると、たかしの死因となった誤嚥性肺炎が、本件けいれん発作とは無関係に、脳梗塞を原因として本件けいれん発作の前から生じていた可能性を排斥することはできない。

　したがって、たかしに対する抗てんかん薬3剤の投与を中止したという被告施設の医師の過失とたかしの死亡との間に因果関係を認めることはできない。」

「早期に肺炎と診断し、しかるべき病院への転院措置を採らなかっ

た過失とたかしの死亡との間の因果関係の有無について

　前記前提事実、証拠及び弁論の全趣旨によれば、平成24年9月14日時点におけるたかしの肺炎の程度が、高くても死亡率29.2％というものであったことが認められる。そうであるとすると、被告施設の医師が、平成24年9月14日午後3時の時点でたかしについて肺炎と診断し、しかるべき病院への転院措置を採っていれば、たかしは、転院先の病院で肺炎に対する適切な治療を受けることができ、少なくとも、たかしが死亡した同月18日午前11時15分の時点でなおたかしが生存していたであろうことを是認し得る高度の蓋然性があると言える。

　被告施設の医師には、抗てんかん薬3剤の投与を中止した過失と早期に肺炎と診断した上でしかるべき病院への転院措置を採らなかった過失が認められ、後者の過失とたかしの死亡との間に相当因果関係を認めることができるから、被告は、原告に対し、診療契約上の債務不履行または不法行為に基づく損害賠償責任を負う。」

長い判決文ですね。投薬の中止や搬送のタイミングの是非が争われると、医学論争になりさまざまな主張反論がなされるのですね。

そうですね、ここがシンプルな転倒や誤嚥事故とは大きく違うところです。本格的な医療過誤訴訟に近くなり、原告・被告ともに相当疲弊します。

●因果関係を認めるのは難しい

本件は、要するに抗てんかん薬の投与を急にストップするとてんかん重積症状が表れ危険であったにも関わらず、医師の判断で中止してしまい、その結果けいれん発作を起こし、肺炎となり死亡したということですか。

227

外岡先生 厳密にいうと、「けいれん発作から肺炎になった」という因果関係については本裁判では否定されています。高齢者は元々体調を崩しやすいという素因もあり、医学的に「この状態に陥ったからこそ次の症状に繋がったのだ」ということが医学上明言しづらい、という特徴があります。例えば転倒事案でも、「入院後認知症が進行した」と言われても、本当にその原因が転倒したことだけに求められるかというと、100％そうとは言い切れないでしょう。

Cさん 確かに。病院のベッドでずっと寝たきりのまま放置され、そのせいで認知症が進んだということもあるかもしれませんね。でも家族からすれば、元はといえば転倒したからこそそのような病院に入らざるを得なくなったのであって、「事故が原因ではない」と言われても釈然としないこともあろうかと思うのですが。

外岡先生 心情としては、正にその通りでしょうね。その辺りの認定が難しいところです。法的には「相当因果関係」と言いますが、ある「結果」と、その起点となる「原因事実」の間に、社会通念上（あるいは医学的見地から）原因事実のせいで結果が引き起こされたと言えるか否かという見地から判断されます。

● IC（インフォームドコンセント）の理念とは…？

Cさん なるほど、そこで被告側は必死で反論するので、論争が長引いてしまうという構造ですね。
それにしても、詳細は分かりませんがこの高野医師という施設長はかなりいい加減な判断をしたような印象を受けます。

「抗てんかん薬の長期服用を続けていると「白痴状態」になる人が多いなどの自身の経験的認識のみに基づき、投与を中止した」というのですから…。そんないい加減な指示に基づいて動く看護師や現場職員もかわいそうですね。

外岡先生

そうですね、やはり他院からの申し送りを受け、注意書きにも明記されていたにも関わらず、独自の考えで中止してしまったというのはひどいと思います。インフォームドコンセント（IC：医療行為を行う場合に、その病状や治療法について正しい情報を与えた上で合意すること）という考え方がありますが、本件でも、もし家族に対し投薬中止を事前に相談していたら、未然に防止できていたことでしょう。
まだまだ介護施設、高齢者医療の世界では、IC の理念が浸透していないのかもしれません。ぜひこの点を教訓として、取り入れてもらいたいものですね。

📖　もっと詳しく！　解説

●「思い込み」による医療行為の危険性をよく理解して

　高野医師が投薬を中止した理由として、裁判上被告は「抗てんかん薬に脳全体の働きを抑える作用があり、脳実質の障害が進行しているたかしに対して抗てんかん薬を数種類投与し続けることが好ましくないことを考慮して上記 3 剤の投与を中止した」と主張しました。しかし本判決は「上記 3 剤の製剤情報中、脳梗塞患者への投与が禁忌とされる旨の記載はない。また、脳梗塞は症候性てんかん発症の原因の 1 つであるところ、脳梗塞によって症候性てんかんを発症した患者に対して抗てんかん薬を処方できないというのは不合理である。さらに、本件全証拠によっても、高野医師が、たかしに対し、抗てんかん薬の

投与を中止するに際し、脳梗塞が悪化しているか否かを確認するための検査などを改めて実施した事実は認められず、脳梗塞の悪化への**抽象的な危惧を理由として**抗てんかん薬の処方を取り止めることが適切であったとは言い難い」と判示し、これを退けています。

被告はその他の薬剤についても副作用の危険性をアピールしましたが、判決はいずれも「そのような副作用の兆候は見られなかった」として否定しました。

このように、医学的論争においてはとりわけ、その主張に根拠、裏付け、証拠があるか否かが厳しく検証されます。思い込みで動くことの危険性がよく分かりますね。

❗ 対応相手別！ワンポイントアドバイス

（1）医師、施設長の立場として

●インフォームドコンセントの意識を常に持つこと！

インフォームドコンセントを、これからはより意識して徹底すべきです。場合によっては緊急で入所することになり、家族や前の施設から十分な情報が得られていないという利用者もいることでしょう。そのようなときは特に注意して、薬の投与1つをとっても本当に実行して良いのかを家族からヒアリングする等して裏を取るよう心掛けたいものです。

他の裁判事例でもいくつか出たことですが、介護福祉の領域では**「お世話してあげている」という意識から、独善的、一方的な処置を施してしまいがち**です。ものを言えぬ高齢者・障害者との関係こそ、対等であることを意識して外部と綿密なコミュニケーションを取っていくようにしましょう。

（2）事業所全体として

●ワンマン施設長には要注意！　組織作りから見直そう

　（1）では医師、施設長向けの話でしたが、介護老人保健施設という組織では相談員やケアマネジャー、看護師らが家族と直接接する立場となります。本来は医師も交えカンファレンスを開催し、投薬等につき協議できることが望ましいのですが、組織内部で「医師の指示が唯一絶対」であったり、看護師と介護職の間で仲が悪いという不協和音があると、利用者に適切なケアと医療を提供することが途端に難しくなってしまいます。介護老人保健施設は特に「多職種連携」が重要な施設形態といえますが、施設長である医師が「ワンマン社長兼現場のリーダー」のように君臨してしまい、下の人間は違和感を覚えても進言すらできない、という組織も多いように思います。真の意味でフラットな、一枚岩となって利用者を支えられる組織づくりを目指したいものです。改めて、組織全体を見直してみる必要があるでしょう。

5. 障害者施設における事故・トラブル裁判例

　障害者施設の事故の特徴は、介護と異なり**利用者が比較的若く、年齢層もさまざまである**点がまず1つです。そのため、高齢者のように転倒してすぐ骨折、ということはないのですが、若く力もある利用者が興奮して暴れると、他の利用者に大ケガをさせるといった思いもよらない事故が起きることがあります。

　また、身体能力もあるため、施設を抜け出し高速道路まで歩いて行き、車にはねられたり、ベルトをフックに巻き付けて居室内で自殺をするといった衝撃的な事故も発生しやすいのが障害の世界です。

　これから障害の世界に進出する方の準備としては、高齢者と違い利用者は元気で力もある、したがってこちらも何が起きても動じず冷静に対処するという心構えを持つことが第一歩となります。

　もう1つの特徴は、障害といってもその態様はさまざまであり、**疾患や症状に対する深い理解と経験が求められる**という点です。例えば一口に発達障害といっても ADHD、自閉症、自閉症スペクトラム、学習障害等、さまざまな種類・症状があります。なぜそのような行動を取るのか、障害の特徴をはじめとする背景事情を十分理解していないと、一見健常者と同じに見える子ども等に対しては、思わず声を荒げたり手を上げてしまうこともあるかもしれません。放課後等デイサービス等は無資格でも働けるため、障害に対して理解が十分でない人がうっかり健常者の常識を持ち込むと虐待に発展することもあり得ます。まずは障害というものに対する理解を十分深めるところから始めましょう。

裁判例11　　自立ホームにおける障害者押さえつけによる死亡事故

　それでは、実際の裁判例を紹介していきます。本件は、施設に入所していた利用者が暴れるため、被告法人の理事長容認のもと、職員らが身体を押さえつけた結果利用者を死亡させたとして、遺族がその法人を訴えたという事案です。ある意味「身体拘束」における究極の場面を正面から扱った重要な判決であり、介護の分野でも参考になるでしょう。現場職員としては、実力行使しなければ自分の身が危ないと思ったからこそ押さえつけに踏み切ったわけですが、その結果利用者を死亡させてしまった事例につき、裁判所は何を根拠にどのように判示したか、考えながら見てみてください。

事故基本データ

・判決日　平成27年 2 月13日／大阪地方裁判所判決／平成24年（ワ）
　　　　　第4983号
・原告　利用者の家族（母親）
・被告　社会福祉法人
・請求金額　7,363万352円

裁判結果

・認容額：1,904万998円
・内訳
　　かずおの損害：葬儀費用　102万402円

　　　　　　　　　障害基礎年金の逸失利益　745万3,425円

　　　　　　　　　慰謝料　2,000万円

　　　　　　　　　※　原告は、かずおの損害額の 2 分の 1 を相続

　　原告固有の損害：交通費　 2 万6,780円
　　　　　　　　　　謄写費用　 4 万7,305円

原告固有の慰謝料　300万円

弁護士費用　173万円

当事者プロフィール

・利用者プロフィール

　かずお（仮名）　昭和62年生まれ（事故当時22歳）　精神発達遅滞・自閉症障害など

　かずおは、幼少時から精神発達遅滞、自閉性障害と診断され、平成17年（当時18歳）に実施された検査では、発達指数（DQ）35〜49、知能指数（IQ）39、精神年齢6歳6か月であり、中等度の精神発達遅滞と判定されている。平成18年には療育手帳Aの判定を受けていた。さらに、過去にはパニック障害や双極性感情障害の診断も受けている。

　かずおには、自閉性障害の特徴として、テレビやラジオに対する強いこだわりがあった。また、自分の要求が通らなかったり、周囲からの刺激があると、それをきっかけに精神的に不安定になって、パニックに陥ることが頻繁にあり、度々人に噛みつく、物を投げる、机をひっくり返すなどの行動に及ぶことがあった。

・事業所プロフィール

〈法人〉

　障害福祉サービス事業の経営等の社会福祉事業を行うことを目的とする社会福祉法人である。自立ホーム▲▲を含む24か所の自立ホームにおいてグループホーム（共同生活介護、共同生活援助）事業を運営、さらに、利用者が日中活動を行う生活介護事業所であるクリエイティブハウス○○含む4か所の授産施設において、生活介護、短期入所、就労継続支援事業を運営し、その他、居宅介護、行動援護、移動支援、相談支援等の各事業を運営している。

〈理事長安田（仮名）〉

　被告法人が設立された平成5年から法人の理事の地位にあり、平成17年からは理事長を務めている。

〈現場職員ら〉

平成21年11月当時、被告法人に勤務していた職員（全員仮名）

鈴木：被告法人におけるグループホーム事業を統括する管理責任者

安藤：４か所の自立ホームのサービス管理責任者

朝田：クリエイティブハウス○○の生活支援員

杉村・藤野：法人が設置・運営する別の自立ホームの世話人を担当

していた者

事故に至る経緯

かずおの母親は、平成20年４月30日、かずおの代理人として法人と生活介護・就労継続支援（Ｂ型）・就労移行支援利用契約（以下、「本件利用契約」という）を締結した。

かずおは、同日から法人が設置・運営する自立ホームに入所して生活するとともに、平日の日中は軽作業などを行うためクリエイティブハウス○○に通っていた。その後平成21年４月１日、サービス内容を一部変更した上、本件利用契約を再度締結。

被告行為者らは、平成21年11月８日午後０時35分頃から、かずおをクリエイティブハウス○○の軽作業室に敷かれた布団の上にうつ伏せに倒した上、鈴木がかずおの頭部を、安藤が左腕に跨って両手で左腕を、朝田が自分の背中をかずおの背中に付けた状態で右腕を自己の左脇下に抱え込みながら押さえ、さらに杉村が自分の両脚をかずおの左脚に絡めながら両手で左脚大腿部を、藤野がかずおの右脚に座ってこれを両手で押さえつけた。

さらに、同日午後０時45分頃から、休憩に入った藤野に代わって鈴木がかずおの右脚に座り、臀部等を両手で押さえ、安藤・朝田・杉村が引き続きかずおを押さえつけた（以下、被告行為者らによる一連の押さえつけ行為を「本件押さえつけ行為」という）。

かずおは、本件押さえつけ行為の途中に嘔吐し、心肺停止の状態に陥ったため、同日午後１時25分、病院（以下、「本件病院」という）に救急搬送された。かずおは平成21年11月９日午前５時、死亡

した。

　死因は、胃内容物が口腔内に逆流し、その吐物を吸引し窒息したことによる蘇生後びまん性肺胞障害および肺炎であった。

　東大阪簡易裁判所は、同年12月5日、鈴木に対しては、罰金70万円、安藤、朝田および杉村に対しては、それぞれ罰金50万円の略式命令を発し、上記各命令はいずれも確定した。

判決文ハイライト

「本件押さえつけ行為の違法性（違法性阻却事由の有無）

　身体の自由は基本的人権の一つであり、不必要に身体を拘束することは違法であって、これは、障害者福祉施設の利用者についても異なることはない。

　もっとも、利用者本人又は他の利用者等の身体に対する**危険が切迫**しており、かつ、他にその危険を**避ける方法がない**場合に、その危険を避けるために**必要最小限**の手段によって利用者を拘束することは障害者福祉施設における正当業務行為として、例外的に違法性が阻却されると解するのが相当であって、厚生労働省に設置された身体拘束ゼロ作戦推進会議作成の「身体拘束ゼロへの手引き」、「障害者福祉施設・事業所における障害者虐待の防止と対応の手引き」などが基準としてあげる3要件（**切迫性、非代替性、一時性**）も同様の趣旨に基づくものであると考えられる。

　原告は、本件押さえつけ行為は、かずおが約束を守らなかった場合には、懲罰としてクリエイティブハウス〇〇に連行し、いやがるかずおを無理やり押さえつけるという被告法人における不合理な支援方針に基づき、10回以上も繰り返されてきた押さえつけ行為の延長であり、そもそも正当業務行為として容認される余地がないと主張する。

　確かに、前記認定事実によれば、被告法人においては、かずおとの間でルールを設定し、これが守られなかった場合には、同人がい

やがっても無理やりクリエイティブハウス○○に連れて行くことが支援方針となっていたところ、ルールの設定がかずおに精神的な負担を与えていた可能性がある上、クリエイティブハウス○○への移動がかずおにさらなるストレスを生じさせパニックを誘発し、その結果かずおを押さえつけることが常態化していたことが窺われ、そのような支援方針が、かずおの障害特性に照らし適切であったかどうかは疑問の余地がある。

　しかしながら、被告法人における上記のような支援方針は、かずおがグループホームにおいて安定した地域生活を営むことが可能になるように、日常生活のルールを定着させることを目標として行われていたものであり、ルールの内容やかずおへの説明方法、これが守られなかった場合の対応方法等については、臨床心理士の指導の下で、職員研修等において検討を重ね、試行錯誤を繰り返しながら決定、実践されていたことが認められるのであって、結果的に当該支援方法が必ずしも適切ではなかったと評価されたからといって、被告法人が採用していた上記のような支援方法が、正当な業務行為としての評価を受ける余地のないものということはできない。

　そこで、本件押さえつけ行為の違法性の有無を判断するに当たっては、本件押さえつけ行為自体について、これが緊急やむを得ない場合の身体拘束として許容されるものであるかどうかを、前記要件に照らして検討すべきである。

　前記認定事実によれば、かずおは、平成21年11月7日から心理的に不安定な状態が続いており、同月8日の午前中も、クリエイティブハウス○○において暴れて被告法人の職員に押さえつけられていたこと、その後、いったんは落ち着きを見せたものの、テレビ番組を見るために自立ホーム▲▲に帰りたいと要求し、これを認めない安藤との間で押し問答となって興奮が高まっていたこと、安藤が鈴木を呼びながら軽作業室を出たところ、かずおは、「鈴木さんを呼ばないでください」と懇願しながら安藤を追いかけるようにして軽

作業室から出て行き、2階から降りてきた鈴木を見て興奮が増したこと、かずおは両手を振り回し、「帰りたいんですよ」と言いながら小走りで玄関の方へ向かおうとしたことなどが認められる。

　加えて、かずおは、不穏な状態になったり、パニックに陥った場合には、人に噛みついたり、物を投げたりするなどの行動をとることがある上に、被告法人においても、過去に興奮して自立ホーム▲▲の外へ飛び出し、商店街の花壇を壊すなどの行為に及んだり、かずおが自立ホーム▲▲の外へ飛び出そうとするのを止めようとした職員ともみ合いになり、入口の扉が壊れるということがあったことなどに照らすと、被告行為者らが軽作業室から飛び出したかずおを制止した時点で、興奮したかずおが、クリエイティブハウス○○の外へ飛び出したり、それを止めようとする被告行為者らともみ合いになるなどして、かずお又は職員らの生命又は身体に危険が生じる可能性が高かったものと認められる。

　この点、原告は、朝田がかずおに抱きついたとき、かずおは玄関扉まで8メートルから9メートル離れた位置におり、そこから玄関扉を出て外へ行こうとしても、その間には、鈴木及び安藤がいたのであるから、時間的にも物理的にもかずおが外に飛び出して出ていくことは容易ではなく、身体拘束が必要な程度までかずおの生命又は身体が危険にさらされる可能性が高いということはできないのであるから、切迫性の要件を満たしていない旨主張する。

　しかし、かずおは、力が強く、過去にも手加減なく職員等に噛みつきケガをさせることがあったこと、上述のとおり、自立ホーム▲▲の外へ飛び出そうとして職員ともみ合いになり入口の扉を壊したことがあったことなどに照らすと、興奮状態のかずおを止めることは容易なことではなく、鈴木及び安藤がかずおと玄関の間にいたからといって、かずお又は職員らの生命又は身体に対する危険性が高くないということはできない。

　したがって、被告行為者らがかずおの身体拘束を始めた時点において、切迫性は認められると解するのが相当であり、原告の上記主

張は採用できない。

　被告らは、本件押さえつけ行為は**必要最小限**に留まっており、適切な態様であったと主張する。

　前述のとおり、かずおには、パニックになったり、興奮した際には、人に噛みついたり、物を投げるなどの行動や、興奮して施設から外に飛び出すなどの行動が見られたこと、かずおは、1階に降りてきた鈴木と対面したことにより、興奮が高まり、「帰りたいんですよ」などと言いながら、小走りで玄関に向かっていったことなどからすれば、興奮したかずおがクリエイティブハウス○○の外へ出て行かないようにするためには、まず、その行動を制御するほかなく、声かけや落ち着くまで様子を見守るといった方法で対応することは困難であったといえる。

　そうすると、本件において、被告行為者らが、複数名で、かずおの手足を押さえつける以外に、かずおがクリエイティブハウス○○の外へ飛び出すなどの危険を回避する為に有効な代替手段はなかったといえる。

　もっとも、前述のとおり、被告行為者らは、かずおの左腕を可動できない方向へ反らせたり、かずおの首の下に足を入れるなど、かずおに対し必要以上の苦痛を生じさせる態様で押さえつけを行っている上、結果的に**かずおの胸腹部を圧迫するような状態で押さえつけを行い、かずおの死の結果を惹起させたのであるから**、本件押さえつけ行為の態様が、当時のかずおの状態に照らし、かずおの生命又は身体の危険を回避するために**必要最小限の態様であったということができない**ことは明らかである。

　以上によれば、本件押さえつけ行為は、かずおがクリエイティブハウス○○の外へ飛び出し、又は、かずおを止めようとする被告行為者らともみ合いになるなどして、かずお又は第三者の生命又は身体に危険が生じる可能性を回避するための手段であるとはいえるものの、**かずおの行動を制限するために必要最小限の方法であったとは認められず、身体拘束が緊急やむを得ない場合には該当しない**と

いえる。よって、被告らの上記主張は採用できず、本件押さえつけ
行為には違法性が認められる。」

Bさん

これも痛ましい事件ですね…。かずおさんが興奮して暴れる
のは障害のせいですし、押さえつけた職員たちもまさかかず
おさんを死なせてしまうとは思いもよらなかったでしょうか
ら、さぞショックだったことでしょう。それにしても障害
サービスの現場というものは、何というか壮絶ですね。

外岡先生

障害はバリエーションが豊かですから、必ずしも全ての現場
がこのように危険に満ちているということはないかと思いま
すが、門外漢でしかない私の印象としてはやはり介護と比較
すると本件のようなバイオレントな事件も起こり得る、ある
意味覚悟のいる世界なのだと改めて思いました。

●職員が利用者からケガを負わされた場合は…？

Bさん

介護の現場でも、たまに60代など比較的若年の元気な人で、
腕を振り回したり他の利用者を突き飛ばすような危険行為を
する人もいます。もっともうちのデイサービスでは、押さえ
つけなければならない利用者はさすがにまだいないのです
が。本件ではかずおさんはどれくらい危険な状態だったので
しょうか。

外岡先生

臨時ニュースや、職員の注意する声などに反応して不安定に
なり、職員に対して噛みついたり、物を投げたり、施設から
飛び出そうとしたりするなどの行為が見られました。パニッ
クを起こし、他児や職員の腕などに噛みつく、眼鏡を壊すな
どの行為に及び、職員の中にはかずおさんに指を噛みちぎら

〔 れた人もいたそうです。

ええっ、指を!?　そこまでですか…。文字通り命がけで接していたのですね。

Bさんの言う通り、ある意味壮絶な現場だったのだろうと思います。しかしながら、負傷した職員には労働災害補償（労災）は適用されても、利用者自身、あるいはその家族に賠償を求めることは原則としてできません。

どうしてですか？　利用者がケガをすればここまで高額の賠償になるというのに、不公平な気もしますが…。

民法第713条は、次の通り定めています。

> 民法第713条
> 　精神上の障害により自己の行為の責任を弁識する能力を欠く状態にある間に他人に損害を加えた者は、その賠償の責任を負わない。ただし、故意又は過失によって一時的にその状態を招いたときは、この限りでない。

　最初から障害を持つ人は「自己の行為の責任を弁識する能力」（責任能力）が認められない以上、本人に賠償責任を負わせることはできないのです。

ふーむ、言われてみればその通りなのかもしれませんが、それでも釈然としませんね…。親には責任はないのですか？

もしその場にその人の保護者がいて、危険行為を止めようと

思えばできたにも関わらず放置していたような場合には、保護者が監督責任を負うことになります。

> 民法第714条
>   前２条の規定により責任無能力者がその責任を負わない場合において、その責任無能力者を監督する法定の義務を負う者は、その責任無能力者が第三者に加えた損害を賠償する責任を負う。ただし、監督義務者がその義務を怠らなかったとき、又はその義務を怠らなくても損害が生ずべきであったときは、この限りでない。
>   ２　監督義務者に代わって責任無能力者を監督する者も、前項の責任を負う。

Bさん
では、この条文に基づき親御さんの方に賠償請求できるのではないのですか。

外岡先生
それはあくまで保護者が直接監督している場面において、です。施設にいるときは、この条文の第２項が適用され、要するに施設の人間が「監督義務者に代わって責任無能力者を監督する者」に該当することになるのです。

Bさん
つまり、施設側がその利用者の危険行為を止められなかったのが悪いと。

外岡先生
不条理に思えるかもしれませんが、そうなります。これは障害に限ったことではなく、例えば介護現場で認知症の利用者が施設の高価な油絵をナイフで切り裂いてしまったとしましょう。その被害額は、利用者本人にも、家族にも請求でき

ないのです。

でも先生、利用契約書の賠償条項には、「利用者が施設に損害を与えた場合、その損害を賠償するものとします」と定めることもできますよね。その規定があれば良いのですか？

残念ながら、それは無効と解されるでしょう。法の考え方として、「自ら責任を負えない人には負わせることはできない」という大原則があるのです。これを真っ向から否定する条項を設けたところで、裁判で正面から争われれば否定されることと思います。

● 職員として、事業所としてできる防衛方法とは…？

はぁー、何だか一方的ですね。それじゃあ介護現場でも、利用者が殴り掛かってきたりセクハラをしても、職員はやられっぱなしでいなければならないということですか。

それは違います。もちろん、最小限度の力と方法で危険行為を制圧する（「収める」という表現が適切でしょう）ことは、刑法上のいわゆる「正当防衛」として許されます。ただ相手は高齢の認知症の人ですから、少しでも強く腕を掴んでアザをつくってしまうと「過剰防衛」として罰せられかねないというリスクはありますが。

分かりました。職員も護身術としてうまい収め方を身に付ける必要がありそうです。最近は本当にカッとなって腕を振り払うような利用者が増えたので…。また、高価な品などはそもそも施設に置いてはいけないのですね。高級な有料老人

ホームならいざ知らず、健常者の発想で高い調度品を置けば
いいってものじゃないということがよく分かりました。

外岡先生

その通り。「自分たちの常識を当然とする」ことからトラブ
ルは生まれると思うのです。何が本当に利用者にとって幸せ
であり居心地が良いのか、常に自分の常識を疑い検証するく
らいがちょうど良いと言えるでしょう。

📖 もっと詳しく！ 解説

●身体拘束マニュアルの重要性を認識しよう

　本判決文は、いわゆる身体拘束というものについてさまざまな示唆
を与えてくれ、参考になります。現場実務では、以下の判示部分も参
考になるでしょう。

> 「被告法人では、かずおがパニックになった際に同人を押さえつ
> ける方法について、必要に応じて会議等で話し合い、かずおを押
> さえつける際は、うつ伏せにすること、4人以上で関わること、
> 手足を押さえること、リーダー以上の職員が1人責任者として応
> 援に入りその場の全体を見ること、かずおの様子を見ながら「落
> ち着いて下さい」、「落ち着いたら離します」などの声かけをする
> ことなどを定めていたが、具体的な押さえつけの方法、制止の時
> 間、危険防止等に関してマニュアルは作成せず、これらについて
> 職員らに対する具体的な指示や指導も行っていなかった。そのた
> め、どのような態様でかずおを押さえつけるかについては、専ら
> 各職員の裁量に委ねられていた。」

　状況は推測できるのですが、いかに障害施設といえど、「利用者の
押さえつけのマニュアル」などイレギュラーすぎて考えられない、と

いう状況だったのではないかと思います。しかし一歩間違えれば相手を死亡させてしまう危険な行為だからこそ、しっかりとしたマニュアルを構築しポイントを踏まえ冷静に予定通り対処することが求められるのです。

> **本件から引き出せる教訓**
> 普段考え難い状況のときこそ、マニュアル整備を！

> 「被告らは、被告行為者らがかずおの表情や顔色等を注視し、身体上の異変に留意する役割を担った者を配置するなどしていたとしても、かずおの死亡という結果を回避することはできなかったか、回避は容易ではなかった旨主張するが、当時、被告行為者らの中で、かずおの表情等を注視し、全体を見て、各行為者の押さえつけの態様が過剰なものになっていないか確認する者がいれば、かずおの胸腹部等が圧迫される状態を是正し、かずおが嘔吐することも回避できたと考えられるから、前記被告らの主張は採用できない。」

言われてみれば目から鱗、という感がありますが、確かに焦ってその場の職員全員で飛びかかるのではなく、最低1人が一歩引いた立ち位置から全体を観察し、利用者の生命身体が危険にさらされていないかを注視する役割を担っていれば、本件の死亡という結果も回避できていたかもしれません。

外部からあえて厳しい評価をすれば、現場職員は恐怖に駆られ冷静さを欠いていたと言えるかもしれません。だからこそ、先のマニュアル整備や複数で対処するときのフォーメーション、役割分担等も綿密に組んでおく必要があると言えるでしょう。

対応相手別！ワンポイントアドバイス

（1）事故現場に居合わせた職員に対して

●状況に合わせて冷静な判断を

　複数名で対処するときは最低限1人が離れた距離から観察し最悪の事態を回避するようにしましょう。

　もし1人しか居合わせない場合は、無理をして止めようとせず一時避難することも立派な判断です。危害を加えようとする利用者との関係では、まず自分の身を守ることを考えましょう。ただし、他の利用者が狙われている等特段の事情があるときは話は別です。「全体の状況を冷静に見極め、最善の行動を」という意識を常に持つよう、職員には指導しましょう。

（2）現場の管理者（上長）の対応として

●いざという時のために護身術も有効

　緊急時のマニュアルを策定し、現場職員に危害を加えようとする利用者を収める目的での護身術を職員に身に付けさせることが有効です。いざというとき物理的に対処できると思うだけで、日頃の安心感が違ってきます。また、マニュアルを頭で理解させるだけでなく、実際に体を動かせるようにしておくという意味でも、護身術を身に付けさせることは良いでしょう。いざという時にとっさに体が動くようにしておくのです。私がおすすめする「収め護身術」について、コラム（P.248）もご覧ください。

（3）事業所全体として

●「無理」をしないことも大事

　本件では結果的に利用者を死亡させてしまうという最悪の事態となりましたが、法人から理事長、現場職員に至るまで提訴されているところ、法改正後の社会福祉法人ではこれに加え評議員までも提訴されるということも考えられます。そうなると一大事ですから、結果論にはなりますがもし現場において暴れる利用者に対処しきれないという場合には、無理をせず家族に相談し施設の退所・移転を求めるという、いわばSOSを発信することも現実策として考えるべきではないでしょうか。

　私の印象ですが、特に社会福祉法人は自身の掲げる崇高な奉仕と福祉の実現という高い使命感から、「できない」ということ自体が禁じられているかのように振舞う傾向があると感じています。人間ですから無理は続きませんし、現場職員の身体が危険にさらされては本末転倒です。常に現場の関係者全体の幸福を考え法人運営の舵を切っていくことが、これからはますます求められる時代になっていくものと思います。

〈コラム〉利用者による暴力から現場職員を守る「収め護身術」

　介護現場での、ご利用者による職員に対する暴力やハラスメント等の被害は、隠れた問題として昔から存在します。介護職員が離職する理由の１つとされ、対策が急務となっています。

　平成29年、北海道が道内の介護施設職員を対象に職場環境に関する実態調査を初めて行ったところ、施設利用者からの暴力や暴言、性的嫌がらせなどのハラスメントを受けたことがあるとの回答が半数を超えました。「性的行為を求められた」などの性的嫌がらせや、「すれ違う時に急にたたかれた」「つばを吐かれた」などの暴力行為、「バカ、アホ」などの暴言等がみられました。

　これらは、法的観点からはご利用者自身が認知症など、判断能力が認められないのであれば「責任無能力者」として責任を負わないことになります。理不尽なようですが、例えば重度の認知症の利用者が職員を叩くなどしてケガをさせても、その治療費を利用者本人に請求したり、あるいは刑事的処分を求めることはできません。

　もっとも、そのご利用者の攻撃が「急迫不正の侵害」と認められる場合には、いわゆる正当防衛をすることは可能です。ただしこれは必要最低限の防衛である必要があり、例えば90歳の女性が素手で殴りかかってきたところに対し、これを投げ飛ばすようなことは明らかに過剰防衛となり、逆に責任を問われることになります。

　例えば、90歳の女性利用者であっても、「手にカッターナイフを持ち切りかかってきた」ような場合には、これをはたき落とす程度であれば正当防衛と認められるでしょう。しかしその結果として骨折させてしまうようなことがあれば、現実問題としてご家

族から責任を問われるリスクがあります。

　このように、ご利用者による危険やハラスメントから現場職員を守ることは実は非常に難しい問題なのですが、ここで効果的な方法として「最低限、自分の身体の安全を守り、かつ相手も傷つけない護身術」を各人が身に着ける、ということを推薦したいと思います。それが「収め護身術」です。

　このメソッドを開発された池田俊幸さんは、都内で接骨院を経営される空手の達人です。池田さんは、「職員がご利用者から傷つけられることが多く、しかし多くの人は黙って耐えている、それが離職に繋がっている」という現場からの訴えが非常に多いことを憂慮され、これまでの相手を「制圧する」護身術を、身体の弱い高齢者を傷つけないことを重要視した「優しく収める」護身術に発展させ、目下介護現場に定着させるべく普及・啓発活動に邁進されています。

　この、相手を倒すのではなく収めるという発想は、僭越ながら筆者の法律という道具と向き合う際の根本的考え方と全く共通するものであり、とても感銘を受けました。

　護身術と聞くと「格闘技経験者や体力のある人でないと無理ではないか」としり込みされるかもしれませんが、そのようなことは全くなく、誰でも容易に一連の対処法を習得することができます。例えば次のような、現場でよく起こるケースへの対処法を学ぶことができます。

・殴りかかってきた
・食事介助中、手を振り回し、隣にいた職員の顔面に当たりそうになった
・背後から急に抱きすくめられた
・頭頂部の髪の毛を鷲掴みにされた

　護身術のレクチャーＤＶＤを視聴することで内部研修の中で身に付けたり、出張講師や講師養成講座を受講することもできます。私もこれから、門下生として習得していきたいと思っています。

　収め護身術を習う一番の効能は、精神的安定を得られることです。いざというときの正しい対処方法を知っておくだけで、精神的余裕が生まれ、「一方的に我慢しなければならない」というストレスから解放されるのです。これは虐待防止にも絶大な効力を発揮することでしょう。

　興味のある方は是非、下記までコンタクトしてみてください。

収め護身術の公式サイト⇒　https://tmlife.wixsite.com/gkousi
〝池田俊幸の公式サイト〟からも、アクセス可能です。
（書籍やDVD、セミナー、講師資格などのご案内）

写真1　収め護身術

裁判例12　障害者支援施設での利用契約解除トラブル

　本件は、施設（短期入所型）側からの利用契約解除の有効性が争われた、極めて珍しいケースです。第3章P.102でお伝えしたように事業所からの信頼関係破壊を理由とする解除は可能ではありますが、現実には本件のように裁判で争われるリスクがある、ということは重々承知しておくべきです。また本件で利用者側は、利用者が施設内で他の利用者から暴行を受けた事故についても賠償を求めています。

事故基本データ

・判決日　平成26年5月8日／大阪地方裁判所判決／平成24年（ワ）
　　　　第1468号
・原告　利用者本人（後見人である父親）
・被告　社会福祉法人
・請求金額　333万4,470円

裁判結果

・認容額：28万4,470円
・内訳：慰謝料　20万円
　　　　交通費等　3万4,470円
　　　　弁護士費用　5万円

当事者プロフィール

・利用者プロフィール
　まさこ（仮名）　昭和52年生まれ（事故当時35歳）　知的障害（総合判定A）・四肢機能障害（2級）
　幼少期から知的障害（総合判定A）および四肢機能障害（2級）

を有し、平成24年7月30日に成年後見が開始され、成年後見人としてまさこの父親である甲野が選任された。

・事業所プロフィール

指定障害者支援施設（以下、「本件施設」という）を設置・運営している社会福祉法人である。知的障害を持つ利用者の、作業への意欲を高めて自立支援を促進するために、職住を分離しており、作業空間（2棟の作業棟）と生活空間（1棟の生活棟）から成っている。

本件施設では、利用者を生活支援班（重度知的障害の利用者を対象とする作業）、室内作業班（業者から委託を受けた作業）、農園作業班（農作業）の3つの班に分けて、作業棟または農園でそれぞれの作業に従事させていた。

事件に至る経緯

平成17年頃、まさこは自身を「利用者」、父親を「保護者または代理人」として、被告である社会福祉法人と障害者短期入所サービス利用契約（以下、「本件契約」という）を締結し、1年ごとに更新していた。

本件契約の主な内容は、次の通りである。

ア　サービス内容

　（ア）　日常生活支援（食事、入浴、清掃、洗濯）

　（イ）　余暇活動等支援（行事、クラブ活動、サークル活動）

イ　利用料金

　市長が定める定率負担額、食事代等

ウ　契約の終了

　被告は、利用者が被告やサービス従業者又は他の利用者に対して**本件契約を継続しがたいほどの重大な背信行為**を行った場合、利用者に対し、30日間の予告期間をおいて文書で通知することにより、本件契約を解除することができる。

　まさこは、平成24年4月27日午後3時30分頃、施設の女子棟内にて、他の利用者（以下、「加害者」という）から胸部を蹴られ、コンクリートブロックの壁で後頭部を強打した。これにより、同年5月10日に病院を受診した時点でも皮下血腫が認められるほどの後頭部打撲の傷害を負った（以下、「本件事故」という）。

　被告は、まさこの両親に対し、平成24年5月5日、施設の利用日について今後は毎日ではなく、入所者の作業のない土曜日と日曜日に限定するように求め、話し合いを行った。

　被告は、まさこに対し、平成24年5月14日ころ、被告代理人弁護士を通じて、被告の施設職員がまさこの父から、〈1〉上記話し合いの場で恫喝され、〈2〉同日以降、誹謗中傷されたことにより、まさこの父およびまさことの間の信頼関係が完全に破壊されたとして、上記（2）ウの解除事由に基づき、本件契約を解除する旨の意思表示をした。

　これに対し、まさこは、同月23日、代理人弁護士を通じて、契約解除の効力は認められないと主張し、引き続き本件契約に基づくサービスの提供を求めた。

　しかし、まさこは平成24年6月1日以降、本件施設を利用できていない状態である。

判決文ハイライト

「争点（1）（本件契約の解除は有効か）について

　被告は、まさこの両親が、被告との間の信頼関係を破壊する「重大な背信行為」をしたとして、本件契約8条3項〈2〉に基づき、本件契約を解除することができると主張する。

　確かに、まさこの父は、被告との平成24年5月5日の話し合いの場で、机を叩き、大声をあげるなど、不穏当な言動をした場面があった。

　しかし、まさこの父が被告の施設職員に対してこのような言動に及んだのは、まさこが本件施設を利用してから12年間で、この一回

のほかにない。

しかも、まさこの父がこのような言動に至ったのは、本来、本件事故の被害者であるはずのまさこが、被告の一方的な判断により、本件施設の利用を土曜日と日曜日のみに制限され、当日、1時間45分もの長時間の話し合いを経ても、被告が何ら譲歩の余地も見せずに、結論ありきとして話し合いを打ち切ろうとしたところにある。

そのことは、被告において、まさこの両親に対する事前の協議もないまま、話し合いに先立ってまさこに対する利用制限を市役所に報告し、これを既成事実としていたことからも窺われる。

施設長は、まさこの父が上記のような不穏当な言動に出ると、その言動に藉口して、まさこの施設利用を土曜日と日曜日に制限するのに止まらず、本件契約を解除して完全に打ち切ろうとした。

このような従前の経緯や当日の被告の対応に照らすならば、まさこの父が、上記のような不穏当な言動に及んだとしても、真にやむを得ないとみるべき側面があり、これを重大な背信行為であると評価するにはなお十分でないというべきである。

また、まさこの母は、被告の施設職員に対し、人権侵害、名誉毀損で裁判に訴えるなどと述べている。

しかし、これもまさこの母がそのような言動に出たのは、約12年間にも及ぶ本件契約を事前協議もないまま一方的に打ち切られ、また、本来、本件事故の被害者としての立場にあるべき自らもクレーマーと呼ばれたことにつき、被告の理不尽さが先に立って憤懣やる方なき心情を吐露したとでもいうべきものである。

そこには、被告の施設職員を畏怖させるなどして交渉を有利に運ぼうというなどという意図を見い出すことはできない。このような状況の下では、まさこの母の上記発言も、重大な背信行為であると評価するにはなお十分でない。

以上によれば、本件契約の解除事由がないから、解除の効力を認めることはできない。したがって、まさこは、本件契約上の利用者たる地位を有する。

　そして、被告は、解除事由がないのに、一方的に本件契約を解除したと主張して、平成24年6月1日以降、まさこの施設利用を拒絶した。したがって、本件契約のサービス提供義務の債務不履行責任を免れず、これによってまさこに生じた損害について賠償する責任を負う。」

「争点（2）（本件契約は期間満了により終了したか）について
本件契約は、平成17年から契約期間を1年間として、毎年更新されていた。その間、まさこの両親も被告も何ら異議を述べていない。これによれば、平成24年2月1日に更新された本件契約の契約期間は1年と認めるのが相当である。

　被告は、本件訴訟において、本件契約は期間満了により終了したと主張しているから、平成25年2月以降、本件契約の更新を拒絶したとみることもできる。

　しかし、本件契約は、指定障害者支援施設とその施設を利用する障害者との間の契約である。被告側から一方的にその施設において福祉サービスの利用を受けることができなくさせるような更新拒絶を安易に認めるのは相当ではない。被告が本件契約の更新を拒絶するためには、更新を拒絶する正当な理由が必要であると解すべきである（「障害者の日常生活及び社会生活を総合的に支援するための法律に基づく指定障害者施設等の人員、設備及び運営に関する基準」〔平成18年9月29日厚生労働省令第172号〕第9条参照）。

　本件では、まさこの両親に重大な背信行為があったという被告の主張が採用できないのは、前記説示のとおりであり、全証拠によっても、被告には、本件契約の更新を拒絶し得るような正当な理由は見当たらない。

　以上によれば、本件契約は、平成25年2月以降も黙示的に更新されており、期間満了により終了したことにはならない。したがって、まさこは、本件契約上の利用者たる地位を有する。」

「争点（3）（本件事故につき安全配慮義務違反があるか）について
　まさこは、本件事故につき、〈1〉まさこに近づこうとする加害者
に付き添って、その動静を注意しなかったこと、〈2〉まさこが座っ
ている後ろの壁に緩衝材を設置しなかったことをもって、被告に安
全配慮義務違反があると主張する。

　しかし、本件事故当時、〈1〉加害者は、デイルームからトイレ
の方向に向かって歩き出した当初は、何ら暴力的行為に及ぶ兆候を
示していなかった。その後、突如として、まさこに暴力を振るった
というのである。

　本件事故は、まさに突発的で予期することができない事故であっ
たというべきである。このような状況の下では、被告の施設職員と
しては、加害者がトイレに行くものと考えたとしても無理からぬと
ころがある。すなわち、本件事故を予見することは困難であり、加
害者の動静を注視していたとしても、本件事故を避けることができ
なかったということができる。

　したがって、被告に安全配慮義務違反を認めることはできない。

　まさこは、加害者は、何ら兆候が見られなくとも、これまでに突
発的に暴力的行為に及ぶことが多数回あったから、そのような状況
を想定して、加害者に付き添っておくべきであったと主張する。

　しかし、加害者の暴行の多くは職員に対するものであり、その程
度も重篤なものではない。さらに、本件施設では、本件事故当時、
20名を超える知的障害者をわずか4名の施設職員で対応しなければ
ならない体制にあった。そして、本件施設の利用者の中には加害者
以外にも暴力的行為に及ぶ可能性のある利用者が3名いたのである。
このような人的体制の下で、まさこを職員の目が届きやすい支援員
室の前あたり（定位置）に座らせることはそれなりの配慮というべ
きであり、さらに、加害者が暴力的行為に及ぶ具体的な危険も兆候
もない段階から、加害者に常に付き添い、突発的な暴力的行為を未
然に防ぐことを求めるとなると、被告に対し、過剰な負担を課すこ
とになる。これでは、被告のような規模や人員の障害者施設におけ

る障害者支援の実態に沿わず相当ではない。まさこの主張は採用できない。

　また、〈2〉本件事故のような突発的な事故を念頭において、まさこの定位置周辺の壁に緩衝材を備えなければならないとすると、およそまさこが本件施設を利用するに当たってケガを負う可能性のあるすべての場面を想定して、まさこだけのために設備を整えなければならなくなる。しかし、被告は、非営利の社会福祉法人であって、そのような対応を課さなければならないとなると施設の運営上、経営上、不可能を強いることになる。まさこの主張は採用できない。

　以上によれば、被告には、本件事故につき、まさこが主張するような安全配慮義務違反を認めることはできない。」

Aさん
事業所からの契約解除が、裁判で無効とされることもあるのですね。驚きました。

外岡先生
これが裁判の恐ろしいところです。「最後は裁判所で決着をつける」以上、どれほど当事者が「解除した」「無効だ」等と主張しようと、結果は蓋を開けてみなければ分からないのです。

Aさん
ただ、こう言ってはなんですが、無効とされても思ったより賠償額が大きくなるわけではない印象ですね。

外岡先生
私もそう思います。日本の裁判所は懲罰的損害賠償（P.132参照）を建前上認めず、また純粋な精神的損害についてはあまり評価しない伝統がありますので、これまで見てきた転倒事例等に比べれば微々たるものですね。ちなみに、まさこさんの請求額は本件施設の利用拒否にかかる慰謝料として200万円、認容額は10分の1の20万円でした。これはさすがに低

すぎるかもしれません。

Aさん
施設からしてみれば、「数十万円のリスクで解除できるのだ」ということになってしまいますからね。介護の方で解除の有効性が争われた事例はないのですか。

外岡先生
私の知る限りでは、まだありませんね。調停レベルでは１件相談の中で見たことがありますが。解除の論点に関しては基本的に介護・障害問わず共通です。問題は、その解除対象となるサービスが「在宅型」なのか「入居型」なのか、という点です。

●契約解除における「在宅型」と「入居型」の違い

Aさん
うちは訪問介護なので在宅型ですが、どう違うのですか？

外岡先生
イメージしてみると分かります。こちらから職員が訪問するサービスと、利用者が施設に居るサービスと、どちらが「解除しやすい」でしょうか？

Aさん
あっ、在宅型ですね。こちらから行くのを止めればいい訳ですから。

外岡先生
その通りです。利用者側にしてみれば残酷な発想ですが…。ただ現実にも、在宅であれば他にも同種の訪問サービスは見つけやすく、一事業所から解除されたとしてもそれほど深刻な事態には陥らないことが多いものと思いますね。

本件はショートステイなので、在宅型ですね。だから解除という
ことになってもその後利用者が施設に居続ける…ということにはならなかったということなんですね。これが入所施設だとしたらどうなっていたのでしょうか。

施設側としては、いくら解除を宣言したところで実力行使で追い出すこともできませんから、実は非常に困るのです。ただ理屈上は、解除した以上「保険」は使えない、したがって介護保険であれば「来月からは10割負担相当の利用料が発生します」と宣言することになります。

ええっ！　そんな一方的なことをして良いのでしょうか。

解除するということは、もうその利用者は当該施設に居てはいけない、ということになり、そうであれば「居ない人」をカウントして介護保険を適用することもできませんから、結論としては「解除後も居るということは、その利用の対価は不当利得となり、施設に返還義務が生じます」ということになってしまうのです。この理屈を正面から争った裁判例は知らないのですが、もし裁判になれば否定されるかもしれません。ですが少なくとも、保険者（行政）の立場としては、これを止めることはできないものと思います。あくまで「私人間の問題」ですから。

全額自費という設定で請求していくことになるのですね…。施設としては、それでも実際に払われなければ一人分赤字が続くことになり、お互いにリスクを抱えていくことになりますね。

その通りです。さらにその中途半端な状態で施設にいるとき
に、転倒事故でも起きたらどうなるでしょうか。想像したく
もありませんが、利用者側は施設に賠償を求める「権利」を
手にします。

介護保険の利用を停止する以上、ケアプランも組めませんか
ら、転倒予防策も講じることができませんね。

まぁ、現実にはさすがにどこかのタイミングで退去され、当
事者間で和解ということになるかと思います。しかし、この
ように施設側からの解除はいざやろうとすると極めて難しい
ということは覚えておくと良いでしょう。

📖 もっと詳しく！　解説

●逆切れはNG！　慎重な言動・判断を

　本件において施設が「重大な背信行為」と判断した根拠となる具体
的事実は、次の通りでした。

> 　「被告は、平成24年5月5日、まさこの両親に対し、本件事故
> を受けて、まさこの利用日を土曜日と日曜日のみに限定するよう
> に電話で求めた。これに対し、まさこの両親は、被告との話し合
> いを求め、同日午後3時ころ、本件施設の会議室において、まさ
> この両親、本件施設の施設長、施設職員2名で話し合いの場がも
> たれた。
> 　施設長は、上記話し合いの場において、まさこの両親に対し、
> 「事故報告」、「利用日調整について」と題する書面を交付し、ま
> さこの安全面を全面的に確保できないこと、緊急時に対応できな

いこと、職住分離の阻害要因になっていること、新規利用希望者の増加を理由として、まさこの利用日を土曜日と日曜日のみに限定すると通告した。

　その後、まさこの両親と本件施設職員との間で、話し合いが続き、まさこの両親は本件事故の被害に遭いながら利用を制限されることについて不満を述べた。まさこの父は、同日午後 4 時 45 分ころ、施設長が手元の書類をまとめて立ち上がろうとしたのを見て、会議室の机を叩き、大声で「おい、お前な」などと言って、強い口調で抗議した。

　すると、施設長は、「それは脅しですか」「非常にびっくりしていますよ」などと述べた上で、「先ほどの態度で契約の方はこちらの方で切らしていただこうと思っています」「明日からのご利用はなしで結構です」「もう帰ってください」「何でそこまで感情的になられて冷静に話せなあかんのか、あほらしなってきました」などと言った。

　この日の話し合いは午後 5 時ごろに終了した。

　まさこの母は、平成 24 年 5 月 7 日、同月 8 日ないし同月 11 日、被告の施設職員に対し、まさこに対する利用制限は人権侵害であり、また、被告の施設職員がまさこの母のことをクレーマーと言って名誉を毀損されたとして、被告の施設職員を訴えるなどと述べた。」

　いかがでしょうか。詳しい事情は不明ですが、私としては、これはちょっと施設職員の方が乱暴な態度であるように思えます。「逆切れ」という表現がしっくりくるかもしれません。これは現場にとっても大きな教訓となるのではないでしょうか。相手が感情的になっているときほど、こちらはぐっと踏みとどまり「売り言葉に買い言葉」にならないよう注意しなければなりません。

まさこさんの父親の方が感情的になったのも良くありませんが、裁判所はそれまで一度も激高するようなことがなかったこと、それまでの施設側の一方的な決定等も考慮した上で、やむを得ない事情があったと判断しています。当たり前のことですが、このように1つの事件にはそこに至るまでの経緯、背景事情というものがあるのであって、そこを無視して一部だけを切り取り「背信行為」と指摘することはできません。逆に言えば、本件でももしこの父親が普段から怒鳴り散らし机を叩くようなことがあれば、背信行為と認められる余地も出てくると言えるのです。

　「本当にこの利用者家族は困る。これから先もやっていける自信がない」という場合は、無理を重ねる必要はありません。本ケースを参考に、解除に踏み切ることができるかを見極めるようにすると良いでしょう。

❶ 対応相手別！ワンポイントアドバイス

（1）事故現場に居合わせた職員に対して

●他の利用者に危害を加える可能性があるときは警戒を緩めないように

　他の利用者が暴力を振るったという件については、裁判では予見可能性なしとして責任が否定されていますが、やはり教訓としては「職員に向かってくるということは、他利用者に暴力を振るってもおかしくない」と、警戒を緩めないことが他の利用者の安全確保に繋がる、と言えそうです。全ての可能性を考えていたらきりがない、ということもあるでしょうが、もし頭の打ちどころが悪く植物状態にしてしまったら、責任の所在は別として、死亡事件として大きくマスコミに報道される等の事態が懸念されます。緊急事態に備える意識を常に持

つことが重要です。

（2）現場の管理者（上長）の対応として

●「お世話してあげている」意識は捨てる

　本件では、そもそも家族が立腹したのは、判決も認める通り施設側が被害者であるはずの利用者の利用回数を制限したという一方的な対応が原因でした。発端となった事故について謝罪の言葉もなかったのかもしれません。もしここで「大切なご利用者を預かる立場としてこのようなことになってしまい、申し訳ない」という思いを前面に出し、その上で協力を求める方針で臨んでいれば、結果は全く違ったものになっていたのではないでしょうか。

　「お世話をしてあげている」という「上から目線」の意識が抜けていないと、ついこのような一方的態度に陥りがちですので注意が必要です。

　また上長は家族と接する機会が最も多いところ、まさに本件のように家族が感情的になったときどう対応するか、という点を普段から考えシミュレートしておくと良いでしょう。少なくとも「家族が大声を出したら、もう信頼関係は失われたから解除して良いのだ」等と早合点しないよう留意しましょう。

（3）事業所全体として

●家族に正直に現状を伝えることも時には必要

　本施設では、加害者となった利用者は、自閉的傾向、行動障害があるとされ、物事が理解できなかったときや不安なときに、被告の職員や他の利用者に対して暴力的行為に及ぶことが多々あったといいます。暴力的行為に及ぶ前に、イライラした表情を見せ、体の動きがぎ

こちなくなる兆候がみられることもあり、施設職員がこれを察知したときには、加害者を居室に誘導するなどの措置を講じていました。しかし裁判所も認める通り、これは毎回必ず可能なことではなく、突発的な事故全てにつき施設の責任とされたのでは障害・福祉の現場も崩壊してしまうでしょう。

　私としては、限られた人員体制では限界があることを、もっと家族にも伝えていく必要があるのではないかと思います。家族に心配をかけたくない、あるいは家族を責めるようなことを言いたくないという優しさから、あえて普段の壮絶な現場を伝えないということもあるかもしれませんが、それでは家族にも大変さが伝わらず、いざ事故が起きれば厳しく糾弾されてしまうでしょう。何事もバランスの問題ですが、特に入所型のサービスは閉鎖的になりがちなので、悩みや問題を抱え込まないよう、施設全体として変に我慢しないように運営することがリスクマネジメントに繋がるものと考えます。

エピローグ

外岡先生　皆さん、長時間の講義、お疲れ様でした。Bさんの事業所で起きた事故ケースから、事故前後の対応方法について考え、裁判例も複数見ていきましたが、ご感想はいかがですか。

Bさん　花子さんの事故が起きて、ご家族との対応について不安や恐怖で頭が一杯だったのですが、明確な対応ポイントが分かり、これからは大丈夫！　と思えるようになりました。何事も「先手」が大切ですね。

Aさん　私もBさんの事業所での事故の話を聞いて、もし自分のところでも起きたら…と考えると不安でしたが、今からでもやれることがたくさんあることに気づきました。早速事業所に持ち帰って、職員と共有したいと思います。

Cさん　私も、今までリスクマネジメントというと、どうしても現場での転倒や誤嚥事故の予防が中心になっていたのですが、これからは契約書の文言から、事故後の写真撮影による証拠化まで、事故前後の対応にむしろ力を入れるようにしたいと思いました。長年この業界にいますが、目から鱗でした。

外岡先生　皆さん、セミナー開始のときより表情が格段に自信に満ちていますね！　講義を受けられて、介護事故の対応についてかなり知識もついたのではないでしょうか。でも、知識を得てもそのままで終わらせては意味がありません。知識を基に現場で実践、行動してはじめて効果が出るのです。事業所に戻られたあとも、しっかり行動していってくださいね！

はい、とにかく「先手」で物事を考え、まずは日々の記録を見直すところから始めたいと思います。

そうです、何事も「先手」が重要ですね。今回のセミナーが皆さんのお役に少しでも立てることを祈っています。私も、このリスクマネジメントの手法を世の中に広める活動を続けていきます。これからも一緒に頑張っていきましょう！

はい！　今日はありがとうございました。

おわりに

　これまで多数の裁判例とその前後の対処法を解説してきましたが、一読されたご感想はいかがでしょうか。実態と対策を知ることで、少しでも安心できたのであれば何よりです。

　本書でも繰り返し述べてきたことですが、介護事故、特に現場での利用者の転倒は100％防ぐことはできません。その中で、１つの事故が訴訟まで発展するか、平和的に話し合いで解決するかは、結局はご利用者・ご家族と、事業所との間で人間的な関係性ができているか否かで決まります。

　事業所側としては利用開始時から普段の利用時、そしてもちろん事故後の初期対応からアフターフォローまで、精一杯の気配り・目配り、そしてコミュニケーションを絶やすことなく取ろうとすることで信頼関係を構築できるのです。

　お互いに感情で動く人間同士である以上、結局はいかに良い関係を創っていけるかにかかっているのですね。

　一方で、私の率直な印象としては、権利主張の度が過ぎ、「自分さえ良ければいい」という利用者・家族も増えているのではないかというものです。いわゆる権利意識の高まりの結果、少しでも利用者を傷つけようものなら、感謝するどころか厳しく現場職員を責める人が増えているように感じます。それはとても残念なことです。お互いの理解を深めることで負の感情の連鎖を止めなければなりません。

　私は、日本初の介護専門弁護士として「和の弁護士」を標榜しており、裁判ではなく話し合いで平和的にトラブルを解決するための研究・取り組みに従事しています。その技術を「メディエーション」といいますが、興味をもって頂けた方は、是非これを中心に解説した拙著『介護トラブル相談必携［第２版］』（民事法研究会）もお読み頂ければ幸いです。

介護は、あらゆる職業の中でも最も人間らしい温かな交流に満ちた世界であり、素晴らしいものです。そのような世界に争いごとは似合いません。職員の皆様から利用者、家族までみんなが笑顔で楽しい時間を共有できるよう、本書が少しでもお役に立てばこれ以上の喜びはありません。これからも、共に頑張りましょう！

朝の日射しの暖かさに春の訪れを感じる2月の日に

外岡　潤

○著者プロフィール

外岡　潤（そとおか　じゅん）
弁護士、ホームヘルパー2級。「弁護士法人おかげさま」代表。
介護・福祉の業界におけるトラブル解決の専門家。介護・福祉の世界をこよなく愛し、現場の調和の空気を護ることを使命とする。
介護トラブルの典型である「高齢者の転倒・骨折」の平和的解決を模索する中、トラブルを話し合いで解決する調停技術「メディエーション」と出会い、日々の実務の中で研究を続けている。
著書に『介護トラブル相談必携［第2版］』（民事法研究会、2021年11月）、『実践　介護現場における虐待の予防と対策』（民事法研究会、2020年3月）他多数。
YouTube にて「弁護士外岡潤が教える介護トラブル解決チャンネル」を配信中。
https://www.youtube.com/user/sotooka

サービス・インフォメーション

──通話無料──

①商品に関するご照会・お申込みのご依頼
　　　TEL 0120(203)694／FAX 0120(302)640
②ご住所・ご名義等各種変更のご連絡
　　　TEL 0120(203)696／FAX 0120(202)974
③請求・お支払いに関するご照会・ご要望
　　　TEL 0120(203)695／FAX 0120(202)973

●フリーダイヤル(TEL)の受付時間は、土・日・祝日を除く
　9:00～17:30です。
●FAXは24時間受け付けておりますので、あわせてご利用ください。

利用者・家族・スタッフ別にポイント解説！
裁判例から学ぶ介護事故対応　改訂版

2018年 3 月15日　初版発行
2024年 3 月30日　改訂版発行

著　者　外　岡　　潤

発行者　田　中　英　弥

発行所　第一法規株式会社
　　　　〒107-8560　東京都港区南青山2-11-17
　　　　ホームページ　https://www.daiichihoki.co.jp/

装　丁　コミュニケーションアーツ株式会社
イラスト　まえだ　ななよ

介護事故対応改　ISBN978-4-474-09487-1　C2036　（0）